Essays on Translation
by Lao Long

劳陇翻译理论文集

劳陇 / 著

中央编译出版社
Central Compilation & Translation Press

劳陇先生生平

劳陇（1912—2006）系许景渊笔名，生前为北京国际关系学院教授，中国共产党党员，曾任中国国民党革命委员会中央团结委员，"民革"河北省委员会委员。

许景渊先生 1912 年 11 月出生于江苏省无锡县，是一个电报局职员的独子。19 岁考进了有"金饭碗"之称的海关学院，23 岁毕业，翌年娶无锡世家钱孙卿之长女钱钟元为妻。毕业后一直在旧海关工作近 15 年，历任各关及上海总税务司的税务员、帮办及代理副税务司等职务。抗战时期，转到了大后方（重庆）工作。因不满国民党政府贪污腐化，在好友陈双玉、陈铁保等地下党员影响下，积极投入地下党领导的海关民主运动。1943 年冬曾协助陈双玉同志组织领导海关历史上第一次罢工运动。抗战胜利后，仍与地下党员保持联系。1949 年 2 月在上海参加了地下党外围组织（职协）。1949 年解放初很受党的信任，曾在上海海关军代表办公室工作。海关总署成立后作为民主人士被留用，担任总署人事处唯一的非党员科长（行政 14 级）。1950 年被派往"华北革大"学习。毕业回海关总署后，曾提交入党的申请。当时的人事处长许明同志（后为国务院副秘书长）建议先在民主党派中发挥一些作用，为争取入党创造条件。由副处长孙恩元同志介绍，1951 年参加当时在海关总署成立的"民革"组织。1951—1955 年在中国人民大学外贸系学习毕业。1954 年海关总署改为海关管理局，被调往外贸部仪器进口总公司担任电讯处的科长。在 1957 年整风运动中，写大字报批评宗派主义,因此被划为"右派分子";行政上降了四级,又派往山西洪洞县的农村去劳动锻炼。第二年初爱人钱钟元在北京猝然去世。她原来患有心脏病,在反右运动中她钱氏一门中老父、弟弟和爱人都被划为右派,精神上受打击太重,心力不支,一夕之间突然心力衰竭而辞世。他回北京埋葬了妻子,将12岁的女儿和76岁瘫痪的老母交托给亲戚照看,只身重回山西洪洞继续劳动锻炼,当时心情的苦楚是难以言喻的。他抱着立功赎罪的心情,在农村劳动中从不惜力。1958年秋天,山洪暴发,冲毁了半个村庄,他冒险抢堵洪水,被激流冲卷,离悬崖瀑布只有二三丈,生命悬于一线;幸得农民弟兄三人,跳入激流中抢救,死里逃生。再生之德,永矢不忘。

1961年摘掉"右派"帽子以后,被派在山西晋南专区物资局担任仓库保管员,看管一个价值数百万元的机电仓库。在对保管工作完全外行的背景下,悉心钻研业务,改革了仓储设计,使库存面积增加一倍,成为晋南地区的样板,连年被评为先进工作者,受到省物资局通报全省表扬。

1964年在原领导许明同志的推荐下,根据专业归队的政策,调到北京国际关系学院任英语教员。但这个在旧海关和外国人打了十五年交道的人,因被系里某些人认为发音不好,而派去管理图书资料。

1966年文化大革命开始后,由于在旧海关和外国人工作上有些联系,被诬为潜伏特务分子,受"逼供信"昼夜不停,心情异常焦急,神经紧张,一夜之间突然什么也听不见,双耳俱聋。于是更加悲观,心如槁木死灰。文革中学院解散,1970年集中到河北饶阳干校劳动,1974年他被分配到河北大学外文系工作。

1976年粉碎四人帮后,如拨云见日,特别是1979年错划右派的问题被平反,恢复了政治地位和职级待遇,他重新看到了光明前途,身残志坚,耳朵聋了就致力于翻译及翻译学理论研究,由此在晚年实现了人生旅途上的华丽转身。不仅登上讲台正式授课,除了本科及专修班四个班的翻译课外,还兼任研究生导师,翻译联合国文件数十万余字。1982年被评为副教授。国际关系学院重组后，调回学院英语系任教，1987 年被评为教授。1988 年被北京师范大学聘任为兼职教授，指导研究生的翻译理论研究。除致力于翻译实践工作外，以劳陇为笔名，在全国性学术期刊上，发表了关于翻译理论的科研文章三十余篇（见本论文集），翻译出版书籍 8 部：《七大洲风云四十年》（C. L. 苏兹贝格著）、《美国总统列传》（大卫·C. 惠特尼著）、《四海之内——东方和西方的对话》（李约瑟著）、《劳伦斯传》（R. 奥尔丁顿著）、《三怪客泛舟记》（J. K. 杰罗姆著）、《朱门》（林语堂著）、《神的面具、东方神话》（J. 坎贝尔著）、《走出危机》（E. 戴明著）。1992 年 10 月经国务院批准为对高等教育事业作出突出贡献的高级知识分子，并颁发政府特殊津贴。鉴于他在自己平凡的岗位上做的大量富有成效的工作，其个人简介及业绩已被多部国家级大型辞书和文集收录（还被美国传记研究会 ABI 评选收录）。

许景渊先生一生追求进步，追随共产党。自 1951 年第一次提出入党申请，未获批准，30 多年历经磨难，痴心不改。拨乱反正后于 1985 年 73 岁时再次提出入党申请，直至 1996 年 84 岁时获得批准加入中国共产党，实现了 45 年来的最大心愿。他对共主产义的信仰是真诚的和执著的。在医院里临终前的两个月中，他配合治疗，顽强与疾病抗争，用颤抖的手写下了"一生无亏心事"，"伟大的人民 伟大的党 幸福的时代 我还要活下去"，展现了老一辈知识分子光明磊落的一生，对理想的追求和生命不息战斗不止的坚强意志。

春蚕到死丝方尽，蜡炬成灰泪始干。

2006 年 3 月 7 日早 6 时，许景渊先生因病抢救无效逝世，终年 93 岁。

（本文系许景渊之女许慧根据他生前的自传、自述材料整理）

序

许先生是我最尊敬的师长之一。这不仅是因为他学贯中西，文才横溢，更因为他为人处处克己让人，总是事事为别人着想，从不争利争名，非常善于发现他的同事和学生身上的长处。他总是真诚地乐于助人而从不存什么私心杂念。他谦虚宽容。遇事总是律己严待人宽。许先生在学识上的广博是尽人皆知的。因此我就不去泛泛地谈论大家都已知道的许先生的学术成就。我想说些他在翻译理论研究方面取得的鲜为人知——特别是鲜为翻译界以外人士所知晓——的成果：我是这样看的，从表象上看起来，今天我们国家的翻译出版物（包括外译汉的出版物和汉译外的出版物）的总数量实在是很不小的，但是真正合格的译品却为数不多。滥竽充数者则比比皆是，这种现象的存在有多方面的原因。除了译者本人的专业水平低，职业道德差，对于译品的批评监督及激励机制在我们国内基本上不存在等原因之外，还有一个很重要的原因，那就是：在我国的翻译理论领域里长期以来受着一些学阀的把持，直到今天仍是如此。有些大学招收翻译博士生，而在这样的博士生中，不少人是在他们的博士生导师的带领下只搞"翻译理论"而绝对摒弃做翻译实践，认为搞翻译实践会降低他们的学术品格。从这样的经院式教育方式里不知炮制出了多少"玄之又玄"但谁也看不懂的垃圾"翻译理论"。老一辈的翻译理论学阀加上这样孵化出来的新翻译理论学阀不断地给社会上有志于从事翻译事业的年轻人灌输着种种错误的翻译理论和观点。许先生的功绩就在于他长期以来总是旗帜鲜明地、非常有理有据地宣扬正确的翻译观和翻译方法。他前后写了很多非常有分量的翻译理论方面的文章。这些文章的每一篇都是能从根本上推翻种种错误翻译理论的谬误论据的。比如说：关于直译和意译方面的种种错误论调，关于翻译要做到"形神兼备"的论调，关于外国诗汉译中要"以顿代步"的论调，关于翻译是"科学"而不是"艺术"，以及翻译既是"科学"又是"艺术"的论调，关于建立包罗万象的"翻译科学"的论调，等等。提出这些论调的人们往往都是很有来头的人物，包括老一辈的翻译理论家，新一辈的翻译博士、专家，港台的知名翻译理论家，西方国家里的翻译理论权威等等。可惜的是：许先生写的这些文章里只有一小部分出版社或杂志社允于登出。然而被允于铺天盖地式的刊登出来的却是那些宣扬号称"权威"的翻译观的所谓"翻译理论"文章。我接触过很多年轻的译者，在他们之中的绝大多数人所熟悉和至今还在奉行的翻译理论还都是那些被许先生批判过的错误的"翻译理论"。至于许先生发表过的文章，这些年轻译者中的绝大多数人是茫然的。

  在过去，我是经常聆听许先生在翻译理论问题上的详尽阐述的，而且我也常和他进行这方面的交流。所以我自己在翻译实践上是完全恪守许先生的教导的。我的兴趣是汉译英，许先生在翻译理论的研究上是侧重于英译汉的。虽然英译汉和汉译英在具体的翻译操作上是不同的，但在翻译的原理上却是相同的。所以我就把许先生教导的正确翻译理论用之于汉译英。结果如何呢？我没有走"在直译基础上的意译"的路子，我没有走"译文要做到形神兼备"的路子，我没有去追求实现"翻译是两种语际转换"这个似是而非的幻想而去努力建立起什么"翻译科学"，我没有走"翻译既是艺术又是科学"的路子，我没有走鲁迅或董秋斯拼命提倡的那种翻译路子。因此我现在可以很自信地说：如果我不是遵循许先生指引的翻译路子走，我会最终在专业上一事无成的。所以我在心里始终十分感谢许先生。所谓"近朱者赤，近墨者黑"真是这个道理。如果不是由于和他多年共事，频繁的接触，因而得以学到他在翻译理论方面的研究成果，也许我在翻译上会走的完全是另一条道路的。所以认识许先生是我的幸运。

我与许先生在河北大学从 70 年代末起共事多年，而且开的是同样的课程。他比我年长近二十载，但他与我之间的友谊是赤诚的，彼此间充满着信任和善意。他给我的总印象就是：他是个心如赤子的忠厚长者。他学识之渊博是远超出一般人的想象的，但他从来是半点也不肯炫露自己的才学。他在任何时候都没有什么架子，对于物质生活上的匮乏也一贯安之若素。但是在工作的责任心上，在学术的苦心孤诣地追求上，在当时的河北大学外文系的所有教师中是没有一个人能及的。凡是在工作上与许先生有长期接触的人都知道他是对名利完全淡泊的人，他在自己生命中的唯一追求就是学问。他平时对物质生活的匮乏短缺是一点也不放在心上的。他不讲吃，不讲穿，不近烟酒，不讲排场。他的整个人生都是这样度过的。他就是这样一个没有任何个人功利之心的人。

正因如此，他的人品和学识是值得我们敬仰和怀念的。

是为序。

2013 年 11 月底于郑州

目 录

"No Context, No Text"
　　——翻译札记之一 …………………………………… 001
如何改革英语音标
　　——从音标发展的过程探索改革的途经 ………………… 010
"选词"与"琢句" ………………………………………… 022
也谈英汉翻译中"准确"和"通顺"的辩证关系 ………… 029
诗的翻译 …………………………………………………… 037
Some Reaction On Reactions
　　——On the Criteria for Translation ……………………… 046
"形合"与"意合"
　　——英译汉中的一个关键性问题 ………………………… 051
英语定语从句译法新探 …………………………………… 058
"雅"义新释 ……………………………………………… 064
怎样发挥译文的语言优势 ………………………………… 070
望文生义
　　——试谈深层结构分析与翻译 …………………………… 077
译诗像诗
　　——读郭老遗作《英诗译稿》 …………………………… 086
英汉翻译中"意合"句法的运用
　　——消除"翻译腔"的一个重要手段 …………………… 094

译诗要像中国诗？像西洋诗？
　　——与楚至大同志商榷 ………………………………………… 100
介绍金隄、奈达合著《论翻译》 ………………………………………… 111
读《奈达论翻译》 ………………………………………………………… 116
从奈达翻译理论的发展谈直译和意译问题 ……………………………… 124
翻译理论的基本问题
　　——形式的信与内容的信 ……………………………………… 131
"殊途同归"
　　——试论严复、奈达和纽马克翻译理论的一致性 ………… 139
翻译教学的出路
　　——理论与实践相结合 ………………………………………… 145
翻译与对外宣传 …………………………………………………………… 155
我看英诗翻译中的"以顿代步"问题 …………………………………… 158
戴明的 14 点与日本企业经济的腾飞
　　——评介《走出危机》 ………………………………………… 162
再论"直译"与"意译"
　　——对奈达和纽马克翻译理论的一点商榷 ………………… 166
试论现代翻译理论研究的探索途径
　　——兼评《中国现代翻译理论的任务》文 ………………… 178
关于"It Is a Wise Father that Knows His Own Child"句的翻译 ……… 192
诗歌的格律可以翻译吗？…………………………………………………… 196
丢掉幻想　联系实践
　　——揭破"翻译（科）学"的迷梦 ………………………… 203
意译论
　　——学习梁启超先生翻译理论的一点体会 ………………… 211
什么是翻译学（translatology）？翻译科学（science of translating）？
　　——对翻译理论研究"沉寂期"的思考 …………………… 223
劳陇先生给本刊主编的信 ………………………………………………… 230

"翻译活动是艺术还是科学?"
　　——对《翻译学——艺术论与科学论的统一》的一点意见 ……… 232
翻译到底是科学,艺术,或科学与艺术的统一?
　　——初步总结 …………………………………………………… 236
奈达论"翻译不可能成为科学" …………………………………… 240
论"得意忘言"
　　——钱钟书大师翻译理论之精髓 ……………………………… 243
内容与形式
　　——翻译理论研究的一个症结问题 …………………………… 248
附录一:
　　《我对"翻译工作中的辩证思想"一文中某些论点的看法》发表于《外国语教学》1978 第 3 期,原文已失。 ………………………… 257
附录二:
　　劳陇先生墨迹 ……………………………………………………… 258

"No Context, No Text"

——翻译札记之一

"准确"与"通顺、易懂"是我们从事翻译工作所共同追求的目标，而"准确"尤占首要地位，必须在"准确"的前提下，才能要求译文的"通顺、易懂"。因此，准确理解原文是做好翻译工作的根本。

如何才能准确地理解原文呢？我认为，一条基本的原则就是必须结合上下文来理解，而切不可一词一句孤立地去理解。英语中有句成语"No context①, no text"非常精辟地说明了这个道理。汉语中有"断章取义"（to interpret out of context）也含有这个意思，就是说，脱离了上下文，不可能对一词一句有真正的理解。

为什么一定要结合上下文才能准确地理解原意呢？这是因为任何一篇文字，一段讲话，都代表一个完整的思想。它并不是一些词和句的机械堆积，而是由词和句构成的一个有机整体。因此，在词与词、句与句之间都有着必然的内在联系，如果割断这种内在联系，就不可能理解思想的整体。

从翻译的角度来看——从汉英这两种语言对比的角度来看——这句话更具有特别重要的意义。因为这两种语言是在截然不同的历史传统、文化生活、风俗习惯的条件下自然形成的；在词汇含义、语法结构、表达方式各方面都存在极大的差别。所以，它们的各个单词或词组，其含义与用法，

---

① context 意为："The parts of a discourse that surround a word or passage and can throw light on its meaning."

错综多变，不可能机械地作相互对等的比较。同一个英语单词或词组，用于不同的上下文搭配中具有各种不同的含义，必须选择适当的汉语词汇才能恰当地表达出来，决不可用同一个汉语词汇，到处套用，以致形成词意扞格，使人无法理解。

举一个最简单的词例："run"的一般含义是"跑"，但是用于不同的上下文结构中却具有不同的意思。例如：

The play ran 200 nights. 这出戏连演了一百个晚场。
My watch has run down. 我的表停了。
Water is running short. 水快用完了。
My school runs a factory. 我的学校办了一个工厂。
Run the blockade. 冲破封锁线。
Run across an old friend. 偶然碰见了一位老朋友。

以上 run 这个词，如一律译成"跑"，岂不可笑！

又如常用副词词组"at all"一般含义是"全然"，但是用于各种不同类型的句子结构中，表达的意思却各不相同。例如：

I don't know him at all. 我根本不认识他。
That would not help things at all. 那会丝毫无济于事。
I was surprised at his coming at all. 我奇怪他竟然来了。
Do it well, if you do it at all. 既然做了，你就得好好做。
You must know it, if you know anything at all. 如果你当真知情的话，就该知道这回事。

以上这些，"at all"如果都译成"全然"，文理就不通了。

其他许许多多的词或词组都同样具有多种含义，必须结合一定的上下文才能确定它的意思，脱离了上下文是无法准确理解的。例如在联合国文件中常常遇到"challenge"一词，基本含义是"挑战"。例如：a challenge to world peace and security（对世界和平与安全的挑战）。但用于不同场合，却可表达许多迥然不同的意思，有的甚至可以说是相反的意思。举例如下（其他一些用法，见《翻译通讯》1979年第二期，不赘）：

The local press challenged the license of the TV station. 当地报纸要求吊销那个电视台的执照。

The Australian football team challenged the Americans to meet them next summer. 澳洲足球队邀请美国队明年夏天进行比赛。

The whole social system of capitalism is under greater and greater challenge. 整个资本主义的社会制度正处于越来越难于应付的局面。

I have constantly challenged my own theories. 我经常检查我自己的论点。

He put forward some new ideas to challenge the interest of all concerned. 他提出了一些新的见解，以引起大家的兴趣。

We express our gratitude for the outstanding and challenging speech of Mr ... 我们对……先生非常出色、发人深思的演说表示感谢。

最后一句的"challenging"，如按原意译为"挑战性的演说"，那就不只是不通，而简直是荒谬了。

为了求得准确的理解，对词句进行语法分析是必要的。但是语法分析也必须结合上下文进行。如果脱离上下文机械地进行语法分析，也会误解作者的意思，达不到"准确"的要求。例如：

We believe, they died in search for a panacea to allay the winds of dogma and the gusts of revolutionary tendency towards a more peaceful, freer and more harmonious society.

（文中"they"系指1968年在太空飞行中牺牲的宇航员。）在这句话中，"towards … society"这个短语无论从语法结构或词的搭配上看，似乎都应修饰"tendency"而不可能修饰别的词。因此，原译为：

> 我们相信，他们是为了寻找一种万应灵药以遏制教条主义的风气和趋向于和平、自由、和谐社会的革命风暴而牺牲生命的。

这则译文，词句既不通顺，意思也不合逻辑。既然是"趋向于和平、自由、和谐社会的"革命趋势，为什么要加以遏制呢？这是说不通的。作者不可能是这样的意思。实际上，作者原是用"towards…soeiety"来修饰panacea的。因此改译为：

> 我们相信，他们是为了寻找一种万应灵药，以遏制教条的风气，防止革命的风暴，为实现一个和平、自由、和谐的社会，而牺牲生命的。

这就说得通了。

以上这些例子充分说明"No context, no text"这句话的重要意义：任何一词一句，脱离了上下文，就不可能准确地理解，更谈不上准确地翻译了。

但是context这个词的含义还不只是指上下文而已。我们看到现代书刊上对context这个词的用法越来越广泛。它不仅指"上下文"，而且指"对于某一事件、某一个人、某一作品有关的一切情况、背景和环境"（The whole situation, background and environment relevant to a particular event, personality, creation, etc.）。由于context词义的发展，"No context, no text"

这句话具有更深更广的意义,从而对翻译工作者提出了更高的要求:要准确理解一词一句的含义,不仅要联系其上下文,而且要结合有关事物的具体背景和条件以及作者的思想风格,进行全面的考虑。否则,就不可能求得真正的理解。

[例一] But the empire was too large to be controlled from London, and, as with the Rome Empire of old, centralized control finally showed that it had a weak link, and the machinery of exploitation began to show signs of failure, <u>Strangely enough, the first link to be broken was at a tea party held at Boston.</u>

最后一句有人译为:

说也奇怪,第一个被打断的链环却发生在波士顿举行的一次茶会上。

这句译文,从字面上看,似乎正确无误,但事实上却存在严重的错误。因为,这里所谓"第一个被打断的链环"指的是美国独立战争的爆发,而美国独立战争并不是在什么"茶会"上爆发的。这里的 tea party 指的是"Boston Tea Party""波士顿倾茶事件"(即波士顿人反抗英殖民当局强加给他们的茶叶税的运动)。把它译成"茶会",岂非对历史的嘲弄。

[例二] Of course, it's hard to keep alliance alive. There are many stresses and strains. But, I'm glad to say, nothing has actually broken as yet —— touchwood.

这是《纽约时报》名记者苏兹贝格(C. L. Sulzbeger)回忆录中追忆 1957 年

美国前国务卿杜勒斯谈话的片断,谈的是美国和各国结盟的问题。译为:

> 当然,使各个联盟长期保持下去是很不容易的,有不少的艰难曲折。但是,我高兴地说,到目前为止确实还没有发生过什么裂痕——touchwood。

touchwood 这个词,查词典都是指的"点火用的干燥朽木"。据这个释义加以引申,可译为:

> ……我高兴地说,到目前为止确实还没有发生过什么裂痕——但是危机是存在的,<u>一触即发</u>。

这样译,意思好像还说得通,但与事实完全不符。因为,杜勒斯的谈话中既没有提到什么危机,而且当时美国与其盟国的关系上也并不存在一触即发之势。所以,这样译是毫无根据的,需得仔细查考。原来这里用的 touchwood 指的是英国人一种迷信的习俗,"碰碰木制的东西就可以消灾免难,常走好运"(to touch something made of wood as a charm to ward off bad luck)。据此,于是改译为:

> ……我高兴地说,到目前为止确定还没有发生过什么裂痕——<u>天保佑,无灾无难</u>。

这和原译"一触即发"的意思恰恰相反。同样的"碰碰木头",意思却如此悬殊,值得引起警惕!

[例三] 下面是苏兹贝格回忆1959年西班牙独裁者佛朗哥的一段谈话,谈的是他对西班牙王室后裔唐·胡安(Don Juan)的态度:

Franco said that undoubtedly Don Juan could lay valid claim to "all the rights of the inheritance" of the throne ... But, "naturally, whoever succeeds to the throne must first accept all the conditions and stipulations of the Act of Succession ... After all, they were accepted by more than 90 percent of the people in a plebiscite which established them as the laws of the country."

(This would certainly <u>hang quite an albatross around Don Juan's neck</u>.)

原译：佛朗哥说，毫无疑问，唐·胡安可以对"王位的一切继承权"提出合法的要求。……但是"当然啰，不论谁继承王位都得首先接受继承法令的规定和条款。……毕竟这个法令是经过公民投票为百分之九十以上的人民所接受而成为这个国家的法律的。"

接着苏兹贝格插入他自己的一句评语：

这就肯定要在唐·胡安的<u>脖子上挂一只信天翁海鸟</u>了。

这句译文很令人费解。《百科全书》Albatross 项下有一句"It is believed that ill luck follows the bird's destruction."据此，将评语译为：

看来唐·胡安准要<u>灾难临头</u>了。

但是，这样译显然还是不够准确。因为这只解释了"albatross"而没有解释"hang ... around the neck"，为什么挂在脖子上呢？必须查明。再查《引语词典》，方知这一句系引自英诗人柯勒律治（Coleridge）的名诗《古舟子泳》"Rime of the Ancient Mariner"中的两行：

What evils looks I had from old and young, Instead of a cross, <u>the</u>

"No Context, No Text" | 007

albatross about my neck bang.

原诗的情节是说，一个老水手在航海途程中射杀了一只信天翁鸟。后来遇到大风暴，船上的人都归罪于他，让他脖子上挂上信天翁鸟站在甲板上示众。这才理解苏兹贝格这句插话的意思是：

佛朗哥准要把唐·胡安拿出来示众，把一切罪责都推在他头上。

像这种运用隐喻的文字，具有形象思维的特征，似宜意译，更能保持原文的神采。

［例四］萨克雷（W. M. Thackeray）的小说《名利场》（*Vanity Fair*）是驰誉世界文坛的名著。它前面有一篇"幕前语"（"Before the Curtain"），用江湖戏班卖艺人的口吻描写世间百态，文笔恣肆，淋漓尽致，很不易翻译。其中有一句写道：

… There are bullies pushing about, bucks ogling the women, knaves picking pockets, policemen on the look-out, quacks (other quacks, plague take them!) bawling in front of their booths …

这里面 other quacks 两个词的意思不好懂，因为前面从未提到 quacks，这里没头没脑来个 other quacks，是什么意思呢？有的同志照字面直译如下：

……有些是到处横行的强梁汉子；有些是对女人飞眼儿的花花公子；也有扒儿手和到处巡逻的警察；还有些江湖骗子（其他的江湖骗子，该死的！）在自己的摊子面前叫叫嚷嚷……

读者看到"其他的江湖骗子"这几个字莫名其妙，感到索然无味。这就使萨氏名作失去了风采。因此必须弄清萨氏加上 other quacks 二词的用意何在，才能动笔翻译。这就需要联系到萨克雷的风格和他的其他著作。原来萨氏素性诙谐，常自比作吹嘘哄骗的江湖浪人，在他的其他著作中也往往有这种提法。所以，他写到 quacks 一词时，涉笔成趣，便加上 other quacks 二字，原意是说"和我一样的那些说空话，骗饭吃的家伙"。这是萨克雷的一种独特风格，在译文中必须传译出来，才能说得上"忠实"于原文。所以，杨必同志把这句话译为：

……还有些走江湖吃十方的，在自己的摊子面前扯起嗓子嚷嚷（这些人偏偏和我同行，真该死！）……

这就不但生动地表达了萨氏的原意，而且体现了他富于风趣的笔调，可以说"准确"与"传神"兼而有之，译笔臻于化境，值得我们学习。

从以上一些例子我们体会到，翻译要真正做到"准确"实非易事，要付出艰辛的劳动。而望文生义，照字面直译，最不费力，却也最易出错。我们必须结合上下文意，联系有关事物的具体条件和背景以及作者的思想风格，进行全面的分析，才能透彻地理解原文，产生准确的译作来。因此，"No context, no text" 这句话可以作为我们翻译工作的座右铭。但是，这句话言简意赅，耐人寻味，要怎样翻译才能确切表达其含义呢？我反复推敲，想不出一个恰当的词儿，只好用原文"No Context, No Text"来作标题了！

（原载《中国翻译》1979 年 04 期）

如何改革英语音标

——从音标发展的过程探索改革的途经

原刊编者按：① 外语课程在教学计划中，在学时上占很大比重。改进外语教学对于提高教学质量，减轻学生负担有重要意义。

1970年敬爱的周总理曾经对外语教学工作作了详尽的指示，其中特别提到英语音标的问题。周总理指示说："国际音标是什么时候兴起的？他们本国人学不学？26个字母加48个音标，越搞越复杂，复杂加复杂；""这么多，初学者容易懂吗？""音标我总觉得何必摆在中间？"周总理指出了国际音标的症结所在，揭示了改革音标的途经。但是由于"四人帮"的干扰破坏，这些重要的指示，一直未能贯彻执行。"四人帮"粉碎之后，广大外语教学工作者，读到了周总理的指示，得到了更大的启发，更迫切感到英语音标有改革的必要，纷纷提出了改革的意见。

去年12月中旬上海外国语学院召开了"英语语音教学改革座谈会"，讨论音标改革问题。会议上传达了语言研究所所长吕叔湘同志对于改革音标的意见，其中指出："不重拼注音法，因为要求彻底的不重拼，拼法类型必然烦琐，似乎也不理想。我个人的看法，还是以不重拼为主而以重拼为辅为好，基本上是牛津词典的路子，但不一定完全依它，可以略作必要的修改（根据教学经验）。"本文是劳陇同志在座谈会上的发言。他提出的改革音标方案和吕叔湘同志提出的原则是符合的。吉林师范大学现在编订的新《英汉词典》，准备用"国际音标"和"改革音

---

① 此为原发表刊物编者按。

标"并列注音。其所用"改革音标"基本上和这个方案也是一致的。故刊登于后,以供我校和各地外语教学工作者研究商榷。

去年9月17日《光明日报》刊登了程慕胜同志《学英语,不学国际音标行不行?》一文。传达了敬爱的周总理1970年对于外语教学工作的重要指示,提出了"(国际)音标何必摆在中间"这个英明的论点,说明了改革英语音标的必要性。文章发表以后,很快在外语教学界引起了普遍的反映。10月11日又发表了上海外语学院陆佩弦教授的文章;11月2日《文汇报》又发表了复旦大学吕菊林同志的文章,都是指向同一的目标。其他各地外语教学工作的同志们,也纷纷探讨这个问题,研订方案,进行试点。这说明国际音标过于繁琐,需要改革,是外语教学工作者所普遍感觉到的问题。周总理的英明指示说出了广大外语工作者的心里话。因此,大家积极响应迅速展开改革英语音标的探讨。这是非常令人鼓舞的。

但是在外语教学领域中,也有一部分同志多少年来习惯于使用国际音标,对于音标改革抱着怀疑的态度,终觉得国际音标是英国语音家但尼尔·琼斯所精心研制出来的,几十年来行之有效,虽然麻烦一些,但是广大学生毕竟都学会了,而且确实保证了读音质量,何必改呢?一动不如一静,改得不好,也许会影响读音质量呢!因此,徘徊却步、顾虑重重。

华主席要求我们:"思想再解放一点"。我们应遵照华主席的指示,解放思想,放开眼界,看看半个世纪以来英语音标变化发展的过程,看看当前英美两国使用音标的趋势。就会认识到英语音标的不断改革,从繁到简,从难到易,是个必然的发展过程,是符合于一切事物的发展规律的。而墨守成规、故步自封、停止不前,则是落后于形势的发展,不符合于事物发展的规律的。

毛主席说:"在生产斗争和科学实验范围内,人类总是不断发展的,永远不会停止在一个水平上。因此,人类总得不断地总结经验,有所发现,有所发明，有所创造，有所前进。停止的论点，悲观的论点，无所作为和骄傲自满的论点，都是错误的。"回顾半个世纪以来，英语音标变化发展的过程，也正是这样一个不断改革，不断前进的过程。我们知道英语这一语种，历史悠久，受到日耳曼语、凯尔特语、罗马语等的影响，所以它的读音特别混乱，缺少规律性，和欧洲的其他语种是不一样的。字母拼法（Spelling）和读音（Pronunciation）之间，本来存在着不少的矛盾。单词中字母如此而读音如彼者（如，"a"读成"ô"，"o"读成"ǔ"，"ci"读"sh"等）比比皆是。要用一些简单的符号把这些错综多变，不规则的读音准确地表达出来，本来不是一件容易的事，所以，半个世纪以来，英语音标不断变化发展的过程也就是不断寻求用一些简单明确的符号把这些错综多变的读音准确表达出来的过程。为了便于说明起见，我们把英语音标的发展概略地分为三个时期：

a. 国际音标前时期：在国际音标出现以前，英语语音教学普遍使用的是旧的韦氏音标（Webster）（注意：旧的韦氏音标，不是现在新的韦氏音标）。旧韦氏音标的特点是音符特别繁多，"一音多符"，混淆不清。这是一种落后的标音方法。为什么旧韦氏音标的音符特别繁多呢？这是因为旧韦氏音标采取的是不重拼（non-respelling）的注音方法，也就是就词标音的方法。要在原词原字母上把各种变异的读音都标志出来，那就必然要增加许多标音的符号。例如，字母"a"的符号就有十个之多：ă（āpe），â（senâte），â（erâe），ă（hăt），ạ（finạl），ä（fär），ã（liãr），ạ（all），ạ（whạt），全部音符共有 94。其中很多是"异符同音"，彼此混淆不清。学者花了许多气力，记住了这些五花八门的标音符号，仍然达不到读音准确的效果。这是一种落后的标音方法。所以现在韦氏词典本身也放弃了这种方法，而改用"一音一符"、重拼的注音方法了。

b. 国际音标的出现：20 年代出现了用国际音标的英语音标。英国语音学家但尼尔·琼斯对英语语音作了极其科学的、精确的分析，确定了48个音素（phoneme）制订了音标（symbols），消除了旧韦氏音标的音符混淆不清的现象；改变了旧韦氏音标"不重拼"（即"就词标音"）的方法，采用了"重拼"（respelling）（即，在词后括弧内注音）的方法，从而就消除了音符繁多，"一音多符"的现象，而保持"一音一符"的原则。这样，就澄清了过去英语音标混淆不清的局面，确立了明确的拼音制度。读者按标拼读，就可以达到正确无讹的效果。这是英语音标发展史上的一个里程碑，具有划时代的意义。

但是国际音标有严重的缺点。它脱离了英文的原字母，而另外采取了一些生疏怪僻的符号（如∫·ʒ·tʃ·dʒ·θ·ð·ʌ …）作为音标。于是在英文原来的拼音符号（字母）之外，又形成了另一套拼音符号（音标）。一种拼音语言而有两套拼音符号，于是就出现了一种畸形的"叠床架屋"式的注音方法。学者既要学26个字母，又要学48个音标，形成双重负担。而字母与音标互相混淆，又容易造成拼法或读音上的错误。所以周总理着重地指出："26个字母和48个音标，越搞越复杂，复杂加复杂。"语重心长，值得我们深思。

c. 国际音标出现后的时期：由于国际音标有以上的优缺点，所以自从它出世以后，英美两国词典音标的发展就出现了一种奇特的现象：国际音标普遍流行于日本、苏联、中国①等各地，而英、美出版的词典却一本也没有采用国际音标的。检查了英美现在最流行的七本词典：Websters International Dictionary, Concise Oxford Dictionary, New World Dictionary, New Collegiate Dictionary, Collins Dictionary, Chambers Twentieth Century Dictionary, Thorndike, Barnhart，没有一本词典用国际音标那些古怪复杂的符号，而都是用的字母标音的方法。（唯一的用国际音标的词典是 Hornby 的 The Advanced Learner's Dictionary，而 Hornby 的这本词典最初是在东京出版，不

---

① 国际音标在中国普遍采用是受苏联的影响。

是在英国出版的)。这就说明了周总理所提出的第二个命题:"他们本国人学不学?"他们本国人绝大部分是不学国际音标的。

既然国际音标具有很大的优越性,为什么英美出版的词典一本也不使用国际音标呢?其理由是很简单的,也就是周总理所说的"何必"二字。因为英语字母加上简单的符号(-,⌒,⌣,等等)就可以准确地标志出英语的音素来。那又何必去找那些古怪复杂的符号作为音标,徒然在字母拼法和读音之间增添一些不必要的干扰,制造混乱呢?为了要透彻理解这"何必"二字的深刻意义,我们必须首先区别音素(phoneme)和音标(symbol)这两个不同的概念。音素是语音的基本单位,它是一个声音,没有形态的,它必须要用一个符号把它标记出来。标记音素的符号就是音标。同一个音素可以用各种不同的符号(音标)标记出来。国际音标之所以准确并不是因为它那些古怪生僻的符号标准,而是因为这些符号所代表的音素准确。所以,国际音标的优点就是它的音素的准确性,而它的缺点就是它的音标太繁琐,与字母脱节,因而形成干扰,制造混淆。我们保持国际音标的48个正确的音素,而抛弃它那些古怪繁琐的符号(音标),用字母加上简单的符号把音素表达出来,这样就使字母与音标合而为一。排除了干扰,消除了混淆。这就消除了国际音标的缺点,而保持了它的优点,大大地减轻了学习的负担,但仍然保持国际音标读音的准确性。这就是我们改革音标的途径,也是现在英美出版的各种词典的音标所采取的共同的途径,也就是周总理指示我们的途径。(试拟音标方案,请参阅附录一)。所以改革音标并不是什么标新立异,别出心裁的东西,而是英语音标发展必然的途径,符合于一切事物发展的规律。反之,墨守成规,停步不前,则是落后于当前音标发展的形势,不符合事物发展的规律的。

有某些语音学家却提出了一个奇妙的论点,说什么英美人不学国际音标可以,而异国人(中国人、日本人等)却非学不可。其理由是英、美人说他们本国的语言(mother tongue),读音是天然正确的,所以可以不学国际音标。事实果真如此吗？英国人果真一张嘴就是标准读音 Rp（received pronunciation）吗？非也！Rp 标准发音只是代表伦敦南部的受过高级教育的英国人的发音，其余的英国人的说话，方言、土音多得很，并不符合 Rp 的，必须借助于词典上的标音，才能准确地读出 Rp 来。试看肖伯纳（Bernard Shaw）的名剧《卖花女》（Pygamalion）中的一段对话：（肖氏自己也是语音学家）

纳普麦克（一位语音学家）：……她（指卖花女）不是英国人。
女主人：嗨，别瞎说。她说的是完全正确的英国话。
纳：太正确了。请你给我找找有哪一位英国妇女说英语说得这样完全正确的。只有外国人学说英语的才说得这样正确啊！

从上面的对话，我们可以看出很大一部分英国人说话并不是符合 Rp 的，还必须借助于词典上的音标，才能够达到准确的发音 Rp。那么，既然英美人可以不看国际音标那些奇怪的符号，只看词典上简单的字母标音，就能够准确地读出音来，为什么中国人就不能够呢？比如说 joke, Chart 两个词，英国人看了词典上 jōke, Chärt 这样简单的符号，就能够准确的读出音来，而中国人却一定要把它变成些 dʒouk, tsa:t 这样古怪的符号，才能准确地读音。这是为什么呢？这是无法理解的。除非说中国人脑筋的构造特别吧！所以，周总理特别提出"他们本国人学不学？"这是一个重要的命题，其用意是深刻的。一句话就戳穿了所谓中国人必须学国际音标的欺人之谈。

事实上，过去外语教学工作者，也有不少的人感觉到国际音标过于繁琐，需要改革，有的提出了改革方案。就我所知，除我自己以外，北京外语学院英语教改组于 1971 年提出了长逾万言的改革建议书；上海外语学院陆佩弦教授于 1972 年提出了改革方案；河北师范大学史永宁同志于 1975 年编订了改革音标的教材，并进行试点，取得良好的成绩。

但是这些改革计划，都未能实现。这是为什么呢？这是因为：第一，由于林彪"四人帮"的干扰、破坏，我们听不到敬爱的周总理的声音，看不到周总理的英明指示，因而不能树立起坚定的信念，充分的勇气，来进行改革；第二，由于外语教学工作有一些领导同志，思想不解放，看不到英语音标发展的形势，因此故步自封，不敢改革；第三，没有一本用改革音标的英汉词典或读音词典（Pronouncing Dictionary）因此无法进行改革教学实践。

今天，我们排除了"四人帮"的干扰破坏，听到了周总理英明的指示；又在华主席指示的启发下，进一步解放了思想，认识到英语音标改革的必然的途径，加强了信心，鼓舞了勇气、我们一定能够继承总理的遗言，完成音标改革这一重大的革命任务。目前的关键问题就是词典问题。因为，没有一本用改革音标的英汉词典或简明读音词典，显然是无法进行改革教学实践的，学生学了改革音标之后，没法查字典，还得回过来再学国际音标，这样浪费千百万人的时间、精力，是不容许的。而编印词典，又不是某一个单位或者学校所能决定的。因此，关键在于领导。我们热烈呼吁外语教学的领导同志们，认真学习周总理的英明指示，重视这个英语音标的改革问题，大力推进，早日组织力量，拟定改革方案，编印词典。有了一本用改革音标的简明读音词典，全国各地外语教学工作者，就可以广泛地进行教学改革实践。通过实践来证明，究竟哪一种音标更切合实际，易学易用，有利于广大群众多快好省地学好英语。使广大的英语学习者，早日从国际音标的束缚中解放出来，走一条简捷轻快的道路，以只争朝夕的革命精神，学好英语，努力学习外国的先进经验与技术，为早日实现四个现代化的宏伟目标而共同奋斗！

附录一：试拟"字母注音"方案
附录二："字母注音"的优点

附录一：试拟"字母注音"方案

参考：

New Webster，C. O. D.

New World，Chamber's

Twentieth Century

Thorndike. Barnhart 等词典音标拟订

辅音：

清：p t k (ϵ)　　f th s (ç)　　sh ch x

浊：b d g　　　v th z (s)　　sh j (ġ) x

清：qu h

浊：l m n ng r w y

元音：

长元音：ā ē ī (ȳ) ō ū o͞o

短元音：ă ĕ ĭ (e y̆) o̬ ŭ o̯͝o

(re) 音节：är ēr īr ūr

(r) 音节：är (ä) ôr ẽr (ĩr ũr …)

复合元音 oi (oy) ou (ow) oor

轻元音　凡元音及（r）音节字母上而不加注音符号者一律发轻元音（即 [ə] 音）

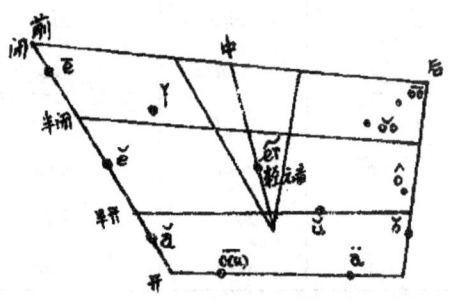

"字母注音"元音发音舌位示意图

"国际音标"与"字母注音"对照表

元音：

国际音标	字母注音		例词	"国际音标"注音	字母注音
ei	长元音	ā	name	neim	n̄ame
iː		ē	see	siː	s̄ee
ai		ī (ȳ)	side	said	sīde
			fly	flai	flȳ
əu		ō	go	gəu	gō
juː		ū	use	juːs	ūse
uː		ōō	food	fuːd	f̄ood
æ	短元音	ă	map	mæp	măp
e		ĕ	bed	bed	bĕd
i		ĭ (y̆e)	city	siti	çĭty
			needed	niːdid	nēedĕd
ɔ		ŏ	hot	hɔt	hŏt
ʌ		ŭ	custom	kʌstəm	cŭstom
u		ŏŏ	book	buk	bŏok
ɛə	r音节	ār	care	kɛə	c̄are
iə		ēr	here	hiə	h̄ere
aiə		īr	fire	faiə	f̄ire
juə		ūr	pure	pjuə	p̄ure
aː	r音节	àr	cart	kaːt	càrt
ɔː		ôr	order	ɔːdə	ôrder
əː		ẽr	fern	fəːn	fẽrn
ɔi	复合元音	ōi (ōy)	voice	vɔis	v̄oiçe
au		ōu (ōw)	now	nau	n̄ow
			loud	laud	l̄oud
uə		ōor	boor	buə	b̄oor

续表

国际音标	字母注音		例词	"国际音标"注音	字母注音
ə	轻元音	元音及r音节（不注音）	china farmer circus	tʃainə fɑːmə səːkəs	chinā farmēr c̃ircus
s	s（c）		sit cite	sit sait	sīt c̄īte
z	z（s）		size tease	saiz tiːz	sīze tēase
θ	tn		thin	θin	thǐn
ð	th		then	ðen	thěn
ʃ	sb		shoe	ʃuː	shoō
ʒ	sh		pleasure	pleʒə	plěashur
tʃ	ch		church	tʃəːtʃ	ch̃urch
dʒ	j（ġ）		judge	dʒʌdʒ	jǔdge
ks	x		box	bəks	bǒx
gz	x		examine	igzæmin	exǎmine
kw	qu		quick	kwik	quǐck
ŋ	ng		sing	siŋ	sǐng
j	y		yes	jes	yěs

附注：1. 斜体字（*a*, *e*, *i*, *c*...）表示不发音

2. 辅音 p b t d k g f v n l r w tr dr 在两种标音方法中读音完全相同，故不再列入表内比较。

例词比较表：

单词	字母注音	国际音标
we	we	wiː
she	shē	ʃiː
chinese	chinēsc	tʃainiːz
student	stūdent	stjuːdənt
teacher	tēacher	tiːtʃə
monitor	mǒnǐtor	mɔnitə

mother	mu<u>t</u>her	mʌðə
worker	w̃orker	wəːkə
morning	môrniňg	məːniŋ
thank	thǎnk	θæŋk
these	<u>th</u>ē*s*e	ðiːz
question	quěschon	kwestʃən
january	jǎnūarў	dʒænjuəri
jacket	jǎckėt	dʒækit
joke	jōke	dʒəuk
there	th<u>ā</u>*r*e	ðɛə
naught	nā*ugh*t	nɔːt
unite	ūni*t*e	juːnait
civic	çi vi϶	sivik
together	togě<u>t</u>her	təgeðə
tough	toǔf	tʌf
thousand	thou̅sand	θauzənd
thought	thô*ugh*t	θɔːt
charge	chärge	tʃaːdʒ
education	ědūϵāshon	edjuːkeiʃən
interchange	ĭnterchāng*e*	intətʃeindʒ
suitable	sū*i*table	sjuːəbl
soldier	sōljer	səuldʒə
judgement	jū*d*gement	dʒʌdʒmənt
exercise	ěxerçi*s*e	eksəsaiz
exact	ěxă϶t	egzækt

注：斜体字（a, e, i, o...）表示不发音

附录二："字母注音"的优点

从上面对照表和例词表中国际音标与字母标音的比较，我们不难看出，究竟哪一种标音方法、更易学易用，更有利于学生同时掌握拼法和读音，

同时，从"字母标音"方案中国际音标与字母注音的对照，也可以看出，两种标音方法，使用的符号虽然不同，但是代表的音素是完全相同的，因此读音是同样准确的，同样符合于 R. P.（received pronunciation）

总结字母注音的优点，可归纳为下列四点：

（一）因为字母与音符一致，所以在学会字母的基础上，很快就可以掌握这些简单的音符，不必耗费时间和力气去记那些繁琐的音标，从而减轻了学习的负担。

（二）因为字母与音符一致，所以学者同时掌握拼法和读法，毕其功于一役，不致形成双重的负担。

（三）因为字母与音符一致，就排除了中间的干扰，不致因此而引起拼法或读音上的错误。

（四）基本上按照"一音一符"的原则，标记出英语语音的标准音素，简单明了，易学易记，保证了读音的准确性。

（原载《河北大学学报哲学社会科学版》1979 年 04 期）

"选词"与"琢句"

英国文豪 Jonathan Swift 谈写作时说过一句话:"Proper words in proper places make the true definition of a style."(合适的词放在合适的地方就是好文章。)我们也可以说,"合适的词放在合适的地方,准确表达了原文的意思,就是好翻译。"这句话包含两层意思:一是选择合适的词——就是"选词";二是放在合适的地方——就是"琢句"。所以,选词和琢句是翻译工作的两个基本环节。

(一)

在"选词"方面,一条基本的原则是,必须结合上下文来选择适当的词汇,而不能机械地搬用词典上的某一条释义。为什么?因为英、汉两种语言是在截然不同的社会环境、历史传统和生活习惯中逐渐形成的。人们的思维方法因而也有所不同。因此,一般说来,英、汉词汇中语义固定不变,完全对等的词比较少,除科学技术用语外一般常用词的含义往往相互迥异。而且,它们各自大都有多种含义,其中有一个(或一个以上的)含义可以说是根本的含义,称为"本义"(fundamental meaning)。从本义结合不同的上下文,演化为各种不同的含义,可称之为"衍义"。例如"man"的本义是"人";结合不同的上下文,可演化为各种不同的衍义。如:

man and wife　丈夫和妻子
officers and men　官和兵
his man Friday　他的仆人礼拜五（《鲁滨逊漂流记》）
man-of-war　战舰
Be a man　要像个男子汉（大丈夫）！

又如"sophisticated"一词的本义是"失去天真纯朴"的意思（deprived of native and original simplicity）。这个词现在运用得愈来愈广泛，产生了许多衍义，如：

sophisticated man　老于世故的人
sophisticated woman　狡黠的女子
sophisticated columnist　老练的专栏作家
sophisticated electronic device　高度精密的电子装置
sophisticated weapon　尖端武器

我们必须深刻体会原词的本义与衍义，选择适当的汉语词表达出来，才能达到准确的要求。

运用成语，尤其要结合上下文深刻体会它的衍义，选用适当的汉语成语。运用得当，可以加强修辞效果，使译文生动流畅。反之，如不结合上下文滥用汉语成语，则不但不能为译文增色，反而要引起误解，起相反的作用。例如"overwhelmed"一词的本义是"被优势力量压倒"（overcome by superior force or numbers），用于不同的上下文，有各种不同的衍义，可以适当地运用汉语成语来表达。如：

(1) But they① are overwhelmed at last (Thackeray: *Vanity Fair*)

可是，到后来他们<u>寡不敌众</u>，<u>直败下来</u>。(overwhelmed by numbers)

(2) Nixon was pleased by the distinction but not <u>overwhelmed</u>. (Kalb Bros.: *Kissinger*)

尼克松对于这种破格的礼遇感到高兴，但并没有<u>受宠若惊</u>。

(3) The Pretoria government was increasingly <u>overwhelmed</u> by the synchronized initiatives of the protagonists of independence.

比勒陀利亚政府对于独立运动的领袖们一致的步调，越来越感到<u>惊慌失措</u>。

以上这几个"overwhelmed"的译文都结合上下文适当运用成语，所以贴切自然。如不结合上下文意思乱用成语，如将（2）（3）例句译成：

(2) 尼克松对于这种破格的礼遇感到高兴，但并没有<u>惊慌失措</u>。

(3) 比勒陀利亚政府对于独立运动的领袖们一致的步调越来越感到<u>受宠若惊</u>。

那就文不对题，岂不成为笑柄。

所以，我们在翻译实践中，选词的时候，首先要掌握词的本义，并据以结合上下文体会出它的衍义，然后选择适当的汉语词或成语把它表达出来，才能达到准确的要求。这是翻译工作最基本的要求，对于译文质量的高低，往往有决定性的作用。

---

① they 指参加滑铁卢战役的拿破仑军队。

（二）

选择了适当的词汇之后，第二步就要把它们组织成为句子，以表达一个完整的思想，这就是"琢句"。在这里，首先要解决的一个问题是：译出的句子是否要尽量依照原文的句法结构，还是完全脱离原文的句法结构呢？这是一个涉及以往一直在争议的直译和意译的问题。大抵主张直译者着重点在于准确，而主张意译者着重点在于通顺。实际上，翻译的标准只有一个："准确"与"通顺"的统一。直译和意译都是为了达到这个目标而使用的方法。采取哪一种方法为好，要看具体情况而定，不能作硬性的规定。例如，近代诗人和翻译家苏曼殊在《拜伦诗选》序中曾说过：

古诗"思君令人老"，英译作"To think of you makes me old"，辞气相副，正难再得。

这句诗是逐字直译的，不失为好句，可是有人将之改译为："I am getting old for thinking of you."就反而不如原译自然贴切了。

但另外两句诗："海内存知己，天涯若比邻"如直译为：

Bosom friends there are within four seas, Even the remotest regions are like close neighbors.

那就未免冗长累赘，文意不通，完全失去了原诗的神味。因此，不如意译为：

A bosom friend afar, Brings a distant land near.

这样译，音韵和谐，简练自如，传达了原诗意思和韵味，合乎译诗的要求。

可见，直译？意译？那要看具体情况而定。

那么，什么样的句子应直译？什么样的句子应意译呢？这是一个非常复杂的问题，很不容易说清楚。现代翻译家曾提出一条原则：

  Translate literally, if possible, or, appeal to free translation.① （如果可能,就直译；否则，就采取意译。）

据我的体会，这里讲的 possible，实际上就是指"通顺"的意思。就是说，如果用直译法可以达到准确和通顺的要求，那就直译，否则只好意译了。因为，从英、汉语法的比较来看，两者的句法结构有相同之处，也有不同之处。有一些类型的句子，英语和汉语的句法结构非常相近，甚至完全一致。这一类句子就可以采取直译法，基本上保持原文的句法结构，更符合忠实于原文的要求。另外一些句子，英、汉句法结构的差异较大，那就必须作较大的变更，才能符合于准确和通顺的要求。试举例说明之：

  [例一] "Every State is the best judge of <u>what is required to safeguard its national security</u>."

  [译一] 直译："每一个国家是需要什么来保卫它的国家安全的最好的判决者。"

  [译二] 意译："每个国家需要什么来保卫它的国家安全，只有它自己能作出最好的决定。"

  [说明] 这一句中 "what is required …" 名词性从句与介词 "of" 构成介词短语，修饰表语 "judge"，这种结构是汉语句法中没有的。所以，如按原句结构直译（如[译一]），那么，文字既不通顺，意思也

---

① 陆殿扬："Translation: Its Principles and Technique", Book Ⅱ, p. 85.

难于理解，显然是不合格的。所以，不如采取意译法，对原句的句法结构作较大的变更（如［译二］），才能符合于汉语的表达方式，合乎准确和通顺的要求。

［例二］ "The mantle of your high office has been placed on your shoulder at a time when the world at large and this Organization are going through an exceptionally critical phase."

［译一］ "整个世界和本组织正经历着一个异常危急的时期。在这样一个时期中，这个崇高的职务的重担放到了你的肩上了。"

［译二］ "正当全世界和本组织处于一个异常危急的时期中，这个崇高职务的重担落到了你的肩上。"

［说明］ 这一句的基本句式是时间状语短语 "at a time" 修饰句中的谓语 "has been placed"。这种句式与汉语句法结构很相近，似乎不必作大的变更。有的同志用拆句法把它拆成两句，改变了主从句的关系（如［译一］），这样译，词句虽然通顺，但结构不紧凑，而且重点转到了从句上面，跟原文的语气不一致，译文的准确性是不够的。所以，不如采取［译二］的译法，基本上保持原文的句法结构，意思和语气都和原文一致。

［例三］ "The next point in Mr. Muller's statement which needs clarification, and which in any case leaves us with no delusion whatever, is that there were footprints of four people."

［译一］ "需要澄清的，和我们大家毫无任何误解的，马勒先生发言中的第二点就是发现有四个人的脚印问题。"

［译二］ "马勒先生发言中需要澄清的第二点就是发现有四个人的脚印问题。对于这一点我们没有任何误解。"

［译三］ "马勒先生发言中需要澄清的第二点，也是我们没有任何误解的一点，就是发现有四个人的脚印问题。"

［说明］ 这一句中两个 "which ..." 作定语从句，修饰主句中的

"point"。这种句法结构是汉语句法中所没有的。如果照原文直译（如［译一］）显然文字不通顺，意思也难于理解。如把它拆成两句（如［译二］），词句虽较通顺，但结构不紧凑，语气跟原句不一致，意思也不够确切，因为第二句中"对于这一点"的"这一点"三字也可以理解为指前面的整个一句，而不是指"有四个人的脚印"。这样理解，就与原文的意思有出入了。所以，不如采取［译三］的译法，句法结构和原文相近似，而且更确切地表达了原文的意思和语气。

以上三个简单的例句说明我对"translate literally, if possible …"这条原则的体会。总的精神就是：在不影响通顺的前提下，尽可能采取接近于原文的表现形式，使译文可以更确切地表达出原文的意思和语气来。

应该指出，英语的句法结构是比较复杂的，尤其因为汉语的复合句用意合法，不用或少用连词，所以结构比较单纯。而英语则用形合法，主从句的联系变化甚多，往往从句套从句，结构繁复，有时与汉语的句法结构有很大的距离。因此，在掌握造句的时候，应该有较大的灵活性，不宜作硬性的规定。但是，"Literally, if possible"这条原则的精神似乎在一般情况下都可以适用，尤其对联合国文件的翻译而言，因为联合国文件是国际性政治文件，要求高度的准确性。因此，我们掌握这一条原则，在不影响通顺的前提下，尽可能采取接近于原文的表现形式，对于译文的准确性有更大的保证。这是符合这种文件翻译的要求的。

（原载《中国翻译》1980年01期）

也谈英汉翻译中"准确"和"通顺"的辩证关系

关于翻译的标准,各家有不同的提法。严复提的是**信、达、雅**。鲁迅提的是**信**和**顺**。陆殿扬在 Translation its Principles and Technique 书中提的是 faithfulness, smoothness, expressiveness。我们翻译联合国文件的要求是**准确、通顺、易懂**。这几种提法虽然用的词汇不同,其涵义却有相同之处。准确相当于 faithfulness,也就是**信**。**通顺**相当于 smoothness,也近似**达**。**易懂**相当于 expressiveness。至于**雅**,严复指的是当时桐城派的古文。鲁迅是不赞成用这个标准的。因为**雅**与**不雅**主要决定于原文。譬如《红楼梦》中焦大的骂街决不能译成黛玉式诗一般的语言。雅作为一般的翻译标准似乎是不适当的。所以本文采取**准确、通顺、易懂**这三个一般接受的标准。

在这三个标准之中,"通顺"与"易懂"属于同一范畴之内,意义有相通之处,并不存在着矛盾。而"准确"和"通顺"两者之间,则经常会发生矛盾。译文通顺而不准确,或者准确而不通顺,是我们在翻译实践中常常遇到的问题。近百年来翻译界争论不休的一些问题,如:"直译"和"意译"之辨,"信而不顺""顺而不信"之争……也都是围绕着这两个标准而产生的。因此,如何正确理解两者的关系对于我们翻译质量的提高,具有重大的意义。本文拟就这一方面作些初步的尝试。

（一）

在我们翻译过程中，必然要遇到许多矛盾，如：对原文理解与不理解的矛盾，理解得深与浅的矛盾，译文表达得正确与不正确的矛盾，通顺与不通顺的矛盾，等等。在这许多的矛盾之中，什么是翻译工作的主要矛盾呢？真正属于翻译范畴以内的主要矛盾，则是"准确"与"通顺"的矛盾。这是因为翻译牵涉到两种语言，以英汉而论，其词汇搭配、语法结构、表现方式等各个方面存在着很大的差别，因而必然要引起这方面的矛盾。正确解决了两者的矛盾，就能保证译文的质量。正如毛泽东同志所说，"捉住了这个主要矛盾，一切问题就迎刃而解了。"

"准确"与"通顺"是矛盾的两个方面，它们的关系是"相互依赖"和"相互斗争"的。

为什么是相互依赖的呢？这是因为"准确"和"通顺"同处于一个统一体（译文）之中，是译文的两个方面。"准确"指的是译文的思想内容必须忠实于原文，"通顺"指的是译文的语言表现形式方面。内容决定形式，形式又影响内容。所以，"通顺"的形式必须用以表达"准确"的内容，而"准确"的内容又必须通过"通顺"的形式才能表达出来。举例句说明如下：

No doubt the reactionary government, increasingly overwhelmed by the synchronized initiatives of the protagonists of independence, hastens to vent their anger on a scapegoat.

开始，有人片面强调准确，按字面译为：

毫无疑问，日益被独立运动的领导者同步的主动性所压倒的反动政府，急于要对一个替罪羊发泄的怒气。

这样的译文，尽管字字紧扣原文，但是既不通顺，也就谈不上准确。因为读者看了以后，完全莫名其妙，因此也无从准确领会原作的意思了。

后来改译为：

> 毫无疑问，反动政府对于独立运动的领袖们一致的步调，愈来愈感到惊慌失措，于是赶紧去找一个替罪羊发泄它的怒气。

这样，文字比较通顺，而原作的真实思想也可以领会了。所以，严复说，"顾**信**矣而**不达**，虽译犹不译也。"又说："**为达即所以为信**。"这两句话对于"准确"和"通顺"相互依赖的关系，是说得很透彻的。

那么，为什么又是相互斗争的呢？这是由于英、汉两种语言，在词汇、语法、修辞等各方面存在着差别而造成的。"准确"要求译文尽可能接近于原文的词汇搭配、语法结构、表现方式，因而往往容易形成一种英语化的汉语，生硬、牵强、佶屈聱牙，意义晦涩，违反了"通顺、易懂"的要求。而"通顺"则要求译文尽量符合于汉语的语法规范、习惯用法、表达方式，因而往往容易脱离原文的思想内容，违反了"准确"的原则。在翻译过程中这两种倾向不断地进行着斗争，从而"推动事物的发展"，使译文的质量不断提高，从不合格的译文逐渐提高到合格的标准。这就是毛泽东同志所说相反相成的道理。

正确理解了"准确"和"通顺"的辩证关系，也就解决了过去翻译界一直争论不休的**直译**和**意译**的问题。一切翻译的目的都是为了准确表达原文的意思，而不是照翻原文的字句，从这个意义来说，一切翻译都是意译。但是，**意译**并不排斥**直译**，因为英、汉两种语言既有**差异性**也有**共同性**。当原文的词类搭配、语法结构等与汉语非常相近，或趋于一致的时候，也就是说，当"通顺"与"准确"并不存在着矛盾的时候，基本上按字面直译就可以达到"准确、通顺，"的要求，这样的直译是完全可以的。例如，近代翻译家苏曼殊论译诗中曾说过："古诗'思君令人老'英译作'To think of you makes one old'辞气相副。"这一句是逐字直译的,但是"辞气相副",既准确而又通顺,是完全合格的翻译。英语中这一类句子很多。例如:

> 他的伟大形象将永远活我们心中,我们一定要实现他的宏伟计划。
> His great image will live in our heart, we must realize his might plans.

这一类句子完全可以直译,而且只能直译。所以,近代许多翻译家都同意一条原则:"Translate literally, if possible, or appeal to free translation"(如果可能,就直译;否则就采取意译)。

但是,当英、汉的词汇搭配、语法结构等存在着差别甚至很大的差别的时候,当然不能逐字直译了,必须设法解决两者之间的矛盾。这里可用"锤炼"的方法,即在许多同(近)义的汉语中选择最适当的词汇和最适当的表现方式准确地把原文意思表达出来。

在"准确"和"通顺"这矛盾的两方面之中,毫无疑问,"准确"是矛盾的主要方面。"通顺"必须服从于"准确",而不能使"准确"服从于"通顺"。所谓矛盾的统一,必须是"准确"基础上的统一,而不是"通顺"基础上的统一。这一点对于保证译文的质量具有决定性的意义。因为毛泽东同志指出:"事物的性质,主要地是由取得支配地位的矛盾的主要方面所规定的。"如果矛盾的主要和非主要方面起了变化,"事物的性质就随着起变化。"所以,如果我们改变了矛盾的主要和次要方面,把"通顺"放在主导地位,使"准确"服从于"通顺",那么事物的本质就起了变化。这样的文字就不再是**翻译**,而成为**释义**(paraphrase)、**改写**(adaptation)甚至是**创作**了。

(二)

在翻译实践中,如何运用以上的论点来解决"准确"和"通顺"的矛盾，现举例说明：

Mr. President, we have the occasion to observe your ability and patience in conducting the Committee, which are clear evidence of your eminent suitability, and vindication of the confidence we have placed on you.

对这个句子，开始，我们片面强调准确，每字紧扣原文，译为：

主席先生，我们有机会看到你领导委员会工作的才能和耐心。这是你杰出的适合性的明证，也是我们对你信任的证实。

显然，这样的译文，词句既不通顺，意义也晦涩，是不符合通顺、易懂的要求的。因此改译为：

主席先生，我们有机会注意到你在领导这个委员会的工作中所表现的才能和耐心多这充分证明你对职务非常胜任愉快，对于我们大家的信任当之无愧。

这样，似乎词句通顺，原文的意思也表达出来了。但是仔细考虑，还有不够准确之处。因为，选用的词汇跟原文在色调（shade）上不很一致。"suitability"并没有到"胜任愉快"的程度，"vindication"也并不带有"当之无愧"那样的感情色彩。因而，又改译为：

主席先生，我们有机会注意到你领导委员会的工作如此干练沉着，充分证明你对工作极为胜任，不负大家对你的厚望。

这就比较接近于准确、通顺的要求了。当然，这译文还不够理想，还需要再加锤炼,以达到合格的标准。这里不过借此说明如何运用矛盾统一的观点来解决矛盾的过程罢了。

(三)

因为现在提翻译标准时,一般把**准确**、**通顺**、**易懂**三者相提并论,容易使人模糊了矛盾的主要和次要方面,而在翻译实践中,有时过分强调"通顺"而忽视了"准确"的主导作用。这就必然要影响译文的质量。例如:

> When we hear day by day that the money given to Portugal is now used somewhere else or that the arms have been assembled in such a way that their barrels can turn in only one direction, *we are entitled to show a certain cynicism and skecpiticism.*

开始有人把它译为:

> 当我们听到……时,我们有权利表示一种讥讽和怀疑的态度。

后来,觉得词句生涩,不通顺;因而改译为:

> 当我们听到……时,我们不免感到惶惑不解而嗤之以鼻。

这样,词句很流畅,生动。但是,又觉得,这与原意是不符合的,"a certain cynicism and skepticism"决没有到"嗤之以鼻""惶惑不解"的程度。因此,放弃了流畅生动,而采取比较朴素的译法:

……我们有理由表示相当的轻蔑和怀疑。

后来，又改为

……我们实在觉得未免令人嗤笑，表示怀疑。

从以上二例，我们也体会到翻译与创作者一个根本性的区别。创作者有广阔的天地，可以充分抒发自己的才华。而翻译者的责任却只是表达原作的意思，而不是抒发自己的才华。尽管你才如江海，决不能越出原作的雷池一步。

在研究翻译技巧时，有时也会出现这种倾向，例如，将**定语从句**译成原因、目的或条件**状语从句**，使文义更加通顺：

So my chance of getting to revolutionary China are pretty slim, although I have not given up my efforts to get a passport, *that will enable me to visit the country of socialism.*

因此，我到革命中国的机会相当渺茫了，虽然我并没有放弃努力，来争取一张护照，以便访问这个社会主义国家。

将定语从句"that will ... socialism"译成目的状语从句，在上下文逻辑关系和语气上，都和原文一致。这是符合"准确、通顺"的要求的。但是，另外一句：

Already a team of agricultural experts from the People's Republic of China is in Gambia to give practical assistance to Gambian farmers and to train the Gambian experts *who will eventually take over.*

中华人民共和国已向冈比亚派出了一个农业专家小组，给冈比亚农民以实际帮助，并且培训冈比亚的农业专家，以便他们最终接替工作。

这样译，文词虽然很流畅，但是意义和原文并不完全吻合。因为原文"who will ... over"是限制性定语从句，它的意思应该是培训"那些最终将接替工作的冈比亚农业专家"而不是"培训所有的冈比亚农业专家，以便……"。我们不能为了追求文词流畅而改变原意，还是如实地译为定语从句为妥。

在运用修辞技巧方面，有时也会出现这种倾向。例如：

He described the claim in alliterative fashion as a composite of "fantasy, fallacy and fiction."

有的同志把它译为：

他用押头韵的方式把这种要求描绘成"虚幻、虚妄、虚构"的混合物。

为了要表现出押头韵的特色，把原文"fantasy"，"fallacy"，"fiction"的三词译为"虚幻、虚妄、虚构"，似有未妥，因为"虚幻""虚妄"和原词"fantasy"，"fallacy"意义相似而色调不一致。fantasy 和 fallacy 两词中虚的成分是比较小的。"虚幻"似乎更接近于"illusion"而不是"fantasy"，"虚妄"更接近于"false conception"而不是"fallacy"。为了要凑成押头韵而加上两个"虚"字，既非必要，也不准确。根据准确第一的原则，还是如实地译为"幻想、谬误、虚构。"至于押头韵，那是利用英语语言的特点造成的修辞效果，不一定在汉语中译出，必要时可以加附注说明。

由于笔者对于翻译工作经验不足，体会不深，希望同志们提出批评意见。

（原载《上海外国语学院学报》1980 年 01 期）

诗的翻译

"准确、通顺、易懂"是一般翻译的标准。文学翻译似乎要求高一些。苏联翻译家费道罗夫认为,合格的翻译应该读起来跟原作一样地舒服,而又忠于原作的精神、意思和风格。钱钟书先生论文学翻译则拈出一个"化"字作为最高标准。他说:"文学翻译的最高标准是'化'。把作品从一国文字转变为另一国文字,既不能因语文习惯的差异而露出生硬牵强的痕迹,又能完全保持原有的风味。那就算得入于'化境'。"① 这是非常精辟的论点。他拈出一个"化"字,实际上已经包括了费道罗夫所提出的各项要求。但是文学作品的翻译要达到"化"的境界,实在是不容易的,因为"一国文字和另一国文字之间必然有距离,译者的理解和文风跟原作的内容和形式之间也不会没有距离,而且译者的体会和他自己的表达能力之间还时常有距离。"所以,文学翻译真正能做到"化"字,那确实是非常难能可贵的。

诗歌是文学作品的一种形式,也有人认为是文学作品的最高形式;诗歌的翻译当然也要求达到"化"的标准。但是诗歌翻译的"化",比起其他文学作品来,其难度就更大了。因为,诗歌翻译不仅要求把原诗的思想、感情、风格都"化"过来,而且还必须把原诗的韵律之美也"化"过来。如果译诗而失去了韵律之美,那就算不得诗译,至多只能算是散释(para-

---

① 钱钟书:《旧文四篇:林纾的翻译》,第62页。

phrase）吧，因此，有的翻译家认为诗歌是根本无法翻译的，提出了诗歌不可译论（non-translatability of poetry）。

例如，英文《唐诗三百首选译》（*Selections from the Three Hundred Poems of the Tang Dynasty*）的译者索姆·詹宁斯（Soame Jenyns）在他的序言中就说过："There is a certain futility about all transltions of poetry. For the beauty of poetry lies not so much in what the poets have to say but how they say it, and this expression of their personality is too delicate a bloom to admit grafting on to another tree. The essence may be preserved, but the movement is sure to be lost in translation, which can be exact or readable but scarcely ever both. When a dictionary is brought to the table the Muse flies out of the window … "

这是他自己对于译诗甘苦深有体会的话，说得很真切。英国著名作家吉辛（George Gissing）论莎氏乐府中有一段话说得更妙："Among the many reasons which make me glad to have been born in England, one of the first is that I read Shakespeare in my mother tongue. If I try to imagine myself as one who cannot know him from face to face, who hears him only speaking from afar, and that in accents which only through the labouring intelligence can touch the living soul, there comes upon me a sense of chill discouragement, of dreary deprivation."①

吉辛认为只有英国人通过本国的语言，才能领会莎士比亚作品的神味；要想通过任何异国的语言来领会莎士比亚的作品，那完全是隔靴搔痒，枉费心力。吉辛的话似乎不是没有道理的。试看我们有些莎士比亚的译本，用白话诗方块体的形式译莎氏十四行诗，词句冗长累赘，音节不和谐，读起来没有诗的韵味，失去了莎氏原作的风采，以致有人读了这些译本，心中纳闷，莎士比亚为什么名气如此之大？如果吉辛懂得汉语，看了这些莎诗译本，恐怕也会"不寒而栗"吧！

---

① George Gissing：*Shakespeare's Island*.

以上这些论证，说明译诗要达到"化"字是如此艰难；有人提出诗歌不可译论，不是没有根据的。事实上，这个"诗的可译性"问题，正是几百年来各国翻译界争论不休的问题，至今还没有作出最后定论来。

那么，诗歌到底可译不可译呢？

我个人肤浅的想法是：译诗之难，是一致公认，毫无疑义的；但是，如果说诗是完全不可译的，那未免过于绝对化，恐怕也是不符合实际的。为什么呢？因为，各国的诗歌虽然所用的语言不同，但是诗人的灵感却是息息相通，并不受国界的限制的。正如我国著名的诗僧和翻译家苏曼殊所说："尝谓诗歌之美，在乎气体；然其情思幼眇，抑亦十方同感。"①英国诗人华滋华斯（William Wordsworth）说得好："In spite of difference of soil and climate, of language and manners, of law and customs, in spite of things silently gone out of mind, and things violently destroyed; the Poet binds together by passion and knowledge the vast empire of human society, as it is spread over the whole earth, and over all times."②

正因为诗人的灵感不受国界和时间的限制，可以互相沟通，所以各国不同语言的诗歌也是可以互相移译的。只要我们对于原诗的思想、感情、意境、韵味有深切的感受，引起心灵的共鸣，同时，对于本国语言及其韵律又能够很好地掌握，运用自如，那么，把外国诗歌"化"过来，并不是不可能的。当然，这种"化"，决不是逐字逐句的死译，而是运用本国语言及其韵律之美，把外国原诗的思想、感情、意境、韵味重新体现出来；也就是鲁迅先生所说的"再创作"。

例如英国诗人菲茨杰拉德（Edward Fitz-Gerald）译波斯诗人莪玛（Omar Khayyam）的《鲁拜集》（*Rubaiyat*）是传诵诗坛的名作。他并不拘泥于原诗的词句，而是摄取原诗的灵感进行再创作。所以，它既具有英国诗歌的音

---

① 阿英编：《晚清文学丛钞：域外文学译文卷》第1册，第4页；苏曼殊《拜伦诗选：自序》。

② William Wordsworth：*The Poet*.

韵之美，而又传达了原诗的意境和情调。正如英人莱纳（Laurence D. Lerner）所说："We are told by Persian scholars that the melancholy, meditative, pleasureloving tone of the work is due as much to the translator as to Omar Khayyam."这种译诗方法似可作为我们取法的途径。又如苏曼殊的译诗：因为他自己是个很有才华的诗人，对英国文学又有高度修养，对诗歌有深刻的体会，所以他译的拜伦（Byron）、雪莱（Shelley）的一些篇章。正如他自己所说："按文切理，义无增饰，陈义悱恻，事辞相称"，可以说已近于"化"境了。兹以他译雪莱的《孤鸟》（*A widow Bird*）为例：

> A widow bird sate mourning for her love
>   Upon a wintry bough;
> The frozen wind crept on above,
>   The freezings stream below.
>
> There was no leaf upon the forest bare,
>   No flower upon the ground,
> And little motion in the air ,
>   Except the mill-wheel's sound."

> 孤鸟栖寒枝，悲鸣为其曹；
> 河水初结冰，冷风何萧萧；
> 荒林无宿叶，瘠土无卉苗，
> 万籁尽寥寂，惟闻喧桔槔。

这首译诗将原诗荒寒的意境，悲凉的心情，完全表达了出来，而且韵律又自然和谐，置之唐人五言中，几莫能辨。读了这样的译诗，其感受和读原诗似乎相去不远了。

又如他译拜伦的《去国行》（*Childe Harold's Departure*）的开头两段：

Adieu, adieu! my native shore
　　　Fades o'ver the waters blue;
The night-winds sigh, the breakers roar,
　　　And shrieks the wild sea-mew.
Yon sun that sets upon the sea
　　　We follow in flight;
Farewell awhile to him and thee,
　　　My native Land——Good night!

A few hours and he will rise
　　　To give the morrow birth;
And I shall hail main and skies,
　　　But not my mother earth.
Deserted is my own good hall,
　　　Its hearth is desolate;
Wild weeds are gathering on the wall;
　　　My dog howls at the gate.

　　行行去故国，濑远苍波来；
　　鸣湍激夕风，沙鸥声凄其。
　　落日照远海，游子行随之；
　　须臾与尔别，故国从此辞。

　　日出几刹那，明日瞬息间，
　　海天一清啸，旧乡长捐弃；
　　吾家已荒凉，炉灶无余烟，
　　墙壁生藜蒿，犬吠空门边。

把拜伦行吟去国的悲怀，眷恋故土的心情，完全表达了出来，而音节苍凉沉厚，和原诗气体相称。苏曼殊译拜伦诗所以能达到这样的境界，是因为他自己身世崎零，飘蓬异域，读了拜伦的诗篇，有深深的同感，引起心灵的共鸣；正如他自己在吊拜伦诗中所说："秋风海上已黄昏，独向遗篇吊拜伦，词客飘蓬君与我，可能异域为招魂"。（着重点是本书作者加的）所以他的诗译，实际上不是翻译，用他自己的话来说，乃是为拜伦"招魂"。把拜伦的"诗魂"招回来，在中国诗的躯体中复生出来。正如十七世纪有人赞美翻译造诣之臻于"化"境，比作是原作的"借尸还魂"（the transmigration of soul）①。译诗达到这样的境界，确实是不可多得的，但这也足以证明诗并不是不可译的；只要具备一定的条件，诗是可以翻译而臻于"化"境的。

但是，苏曼殊译诗，有一个偏向，就是力求高古，不论原诗是什么样的风格、体裁，都一律译成古色古香的古体诗，而且越古越好。他后来译拜伦的《大海行》，觉得五七言还不够古，就采用了汉魏乐府的四言诗体，又用了许多别人不认识的古体字（据说是章太炎替他增饰的），弄得古奥异常，比拜伦的原诗难懂得多。这样译诗一味高古，脱离了原诗的风格，显然是不可取的。

所以，我认为译诗必须审慎考虑，采取适当的体裁。因为外国诗的风格体裁各有不同，有的典雅古朴，也有的明白晓畅，亲切如话；有的纯朴自然，不假雕琢，也有的信口吟唱，如山歌民谣，所以不能一律译为古体诗，或者白话诗。必须根据原诗的风格，采取适当的形式：或者五言，七言，或者歌行，或者词令，散曲，或者山歌民谣，甚或弹词开篇，不拘一格，只要和原诗的气体相称，就可以运用。这样才能传达原诗的神韵，以期臻于"化"境。这一点对于译诗的成败也具有关键性的意义。

课余之暇，和同学们谈论译诗问题，谈了我的这些谬见，有的同学表

---

① 钱钟书：《旧文四篇：林纾的翻译》，第62页。

示赞同,因而试译了几首,今录一首华滋华斯的《水仙辞》(*The Daffodils*)如次:

The Daffodils

I wandered lonely as a cloud
  That floats on high over vales and hills,
When all at once I saw a crowd,
  A host of golden daffodils,
Besides the lake, beneath the trees,
  Fluttering and dancing in the breeze.

Continuous as the stars that shine
  And twinkle on the milky way.
They stretch'd in never-ending line,
  Along the margin of a bay.
Ten thousand I saw at a glance
  Tossing their heads in sprightly dance.

The waves beside them danced, but they
  Out-did the sparkling waves in glee.
A poet could not but be gay
  In such a jocund company!
I gazed—and gazed—but little thought
  What wealth the show to me has brought.

For oft, when on my couch I lie
  In vacant or in pensive mood,

They flash upon that inward eye

Which is the bliss of solitude;

And then my heart with pleasure fills,

And dances with the daffodils.

这首诗词句清丽,格调似与辞令相近,试译如次,以就正于读者:

水仙辞

信步闲游,似白云缥缈,

把幽谷巉岩绕遍;

蓦回首,水仙花开,

璨璨金盏一片。

绿荫下,翠湖边,

迎风弄影舞蹁跹。

浑疑碧落银汉,

洒落繁星万点。

绕遍十里芳堤路,

锦花如带望无边.

似三千芳影临风展,

素首齐扬舞袖翩。

柔波拍岸似欢笑,

怎比得,好花迎人笑靥娇。

词人对景心如醉,

无语悄凝眸;

曾不念,凭般美景,

纵黄金万两焉能买?

只今,闲倚棐榻无聊赖,
　无端怅惘,几度沉吟。
蓦记起当时梦痕,
　添心头无限温馨;
谱取一曲水仙辞,
　凌波伴我舞轻盈。

(原载《中国翻译》1980年05期)

Some Reaction on Reactions

—— On the Criteria for Translation

I read with pleasure, in Issue 5, 1979 of this journal, the elaborate article of Mr. Xu Mengxiong, "Comments on A Chinese-English Dictionary", in which he expresses some views different from those of Mr. Wang Zuoliang in respect to the making of a Chinese-English dictionary. The article covers quite an extensive field of linguistics and lexicography, and also touches the way of translation in many places. In reading it, I could not but feel admiration for the profundity of Mr. Xu's knowledge and the high eloquence of his language. There is one point, however, I venture to voice an opinion somewhat different from his, that is, on the criteria for translation.

In § 5 of his article, Mr. Xu made a quotation from ACED (A Chinese-English Dictionary) on the version of the proverb "死或重于泰山,或轻于鸿毛", as:

"One's death is weightier than Taishan Mountain or lighter than a feather." and remarked that "as a matter of fact, one can only have one kind of death … 'or' obviously is a misuse here." Reference to the original text of ACED (p. 663), however, shows that the original wording is not "is" but "may be". If correctly quoted, the text reads:

" ... it may be weightier than Mount Taishan or lighter than a feather. "

And so is the text of the established version of Chairman Mao's "Serve the People", from which the quotation has been made. As the death here referred to is something that "may be" and not something that "is" — i. e. something indefinite——there seems to be no objection to the use of the word "or" here. Now, Mr. Xu changed the words from "may be" to "is" and went on to say that the "or" is a misuse. The criticism seems to be a little wide of the mark.

Mr. Xu further suggests two alternatives of translation, which are intended to improve on the original:

  a) Death comes to all men alike, yet one may die a death as monumental as great Mt. Tai, whereas another, as light as a feather.

  b) A person's death may mean a great loss, whereas another's just a good riddance.

Both versions proposed by him may sound somewhat improved rhetorically, but they can hardly be considered adequate, because they run counter to the two generally—recognized criteria for translation, viz. "faithfulness" and "smoothness", of which "faithfulness" is generally considered to be the one of primary consideration.

In the first alternative, it is noted that the modifier "weighty" has been changed to "monumental". The change might be intended by Mr. Xu, as he said, "to bring out Chairman Mao's idea more faithfully and fully". But the propriety of using that term in the context as given is rather doubted, because:

  a. "monumental" is customarily used to describe some magnificent works of human creation and not those of natural existence. Seldom have we made use of such expressions as "a monumental mountain, a monumental river, a monumental ocean, etc."

b. In the original text, weighty（重）and light（轻）are words of antithesis used to form a sharp contrast. Here, "monumental" and "light" are not antitheses. Hence, the contrasting effect of the expression is negated.

It is further noted that the modifiers of the comparative degree (weightier 重于, lighter 轻于) in the original text have been relegated to those of positive degree (as ... as). We fail to understand what accounts for this degrading. Does it mean to "bring out Chairman Mao's idea more faithfully and fully?"
Mark: Chairman Mao says "为人民利益而死，就比泰山还重（weightier than Mount Taishan）；……就比鸿毛还轻（lighter than a feather）".

The proposed version, if re-translated into Chinese by an English sinologist, would read somewhat like "死或伟大（或不朽）似泰山，或轻似鸿毛". Can we say this is faithful to the original, or to Chairman Mao?

In the second alternative. the expression "a good riddance" seems to convey an idea quite different from that of "轻于鸿毛". According to ALD (The Advanced Learner's Dictionary), a dictionary Mr. Xu speaks highly of and repeatedly refers to in his article, "a good riddance" expresses satisfaction at getting rid of something undesirable, whereas the expression "轻于鸿毛" implies "something insignificant or worthless" and does not in any way connote "things undesirable that we want to get rid of."

Further, there is the question of style. In the original text. "mountain" and "feather" are used as figures of speech, a way of "conveying idea by image"（形象思维）, characterized by the freshness and vividness of its expression. In the proposed version, the expression is changed to that of "logical thinking" (逻辑思维), which is flat and insipid, so radically different from the original in style. If the version is to be re-translated into Chinese, it would most likely be worded as "有的人死了，是个重大损失；也有的人死了，只是去了个讨厌东西。（或）却是一大快事。——*vide* ALD". What a world of difference from the original, both in sense and in style?

According to the Soviet translator, A. B. Feedrov, an adequate translation is meant to be "a version which may be read with as much pleasure as the original, and yet remains faithful to its spirit, sense and style." Now, the proposed versions, though they may give us some pleasure in reading, are not faithful to the original either in sense or in style, and can, therefore, hardly be considered adequate.

It seems that Mr. Xu is somewhat prejudiced against the literal way of translation, as he says "as often as not the literal way of translating Chinese into English fails to give the truthful meaning of the original." Other translators, however, think quite differently. They do not denounce literal translation as a rule. Rather, they "all agree in one point; translate literally, if possible, or, appeal to free translation."[①] That is to say, if, by way of literal translation, the idea of the original text could be conveyed faithfully in an easy and simple language, we would rather have literal than free translation. Free translation is to be appealed to only when the former fails to do so. Now, as the established version of the text as quoted from Chairman Mao's "Serve the People", though literal, conveys the idea of the original faithfully and also in an easy and simple language, one sees no point to replace it by a free translation which is faithful to the original neither in sense nor in style. That would mean no improvement, but impairment, of the

---

① Lu Dianyang: "Translation: Its Principles and Techniques", Book II. p. 85.

original version, if the above-mentioned criteria are to be followed.

It is admitted that no fixed criteria for translation can be arbitrarily set for everybody to follow, and that each translator is free to use whatever criteria he thinks best. Mr Xu may as well take the principle of "smoothness rather than faithfulness" as a criterion, if he so chooses. But I, for one, am inclined to follow in the steps of the vast majority of translators, both in China and abroad.

(原载《外国语教学》1980 年 02 期)

"形合"与"意合"

——英译汉中的一个关键性问题

翻译的标准是准确、通顺、易懂；要求译文既忠实于原文的意思，而又完全符合于汉语的规范、格调和表达方式，使人读起来就像原著一样地流畅和易懂。要做到这一点，我们必须要认识：什么是英语和汉语在句法结构上最本质的区别？对于这一问题，有人说过两句话："The English proud of the preciseness of their language, while we Chinese are proud of the conciseness of our mother tongue."他拈出严谨（preciseness）和简洁（conciseness）两个词作为英语和汉语在句法结构上的特征。这种提法似乎是很中繁要的。因为英语的句法结构重形合（hypotaxis），句子中各个成分（词、词组、短句）的结合，都有适当的联接词（connectives）表达其相互的关系，所以结构形式上比较严谨。而汉语的句法结构却往往用意合（parataxis）的方法，句子中各个成分用意思贯串起来，没有一定的联接词，因此，结构形式比较松弛，而词句则比较简洁。这种区别，在下面这些简单的句子里都可以看出来：

When I was reading a book, He came in.
我正在看书，他进来了。
（比较：当我正在看书的时候，他进来了。）
Whatever you like to eat, just tell me.

想吃什么，只管告诉我。

（比较：无论你想吃什么东西，只管告诉我好了。）

If you don't enter the tiger's lair, how can you get the tiger cub.

不入虎穴，焉得虎子。

（比较：假如你不进入虎穴，怎能得到虎子呢？）

由于这种形合与意合的区别，所以，一般说来，英语的句法比较刻板，缺少弹性；而汉语的句法比较活溜，富于弹性。在翻译的时候，我们必须掌握这一个特点，要摆脱英语原文形合结构的束缚，适当地使用意合的方法，才能使译文流转自如，明白晓畅，达到通顺、易懂的要求。有一些译文之所以形成翻译腔，生硬，累赘，佶屈聱牙，往往就是由于拘泥于原文的形合结构，不能适当地使用意合法的缘故。兹就各种类型的句子，按形合与意合两种不同的译法（以下各例，第一种译法为形合，第二种译法属意合），作比较研究，以供参酌：

（1）简单句：

Chilly gusts of wind with a taste of rain in them had well nigh dispeopled the streets.

带着雨意的阵阵寒风使得街道上几乎没有什么行人了。

阵阵寒风，带着雨意，街上冷清清地，几乎没有什么人了。

He had a disconcerting habit of expressing contradictory ideas in rapid succession.

他有一种意见变化迅速、反复无常的、令人难堪的习惯。

他有一种习惯叫人受不了，意见反复不定，一会儿一个变化。

（2）并列句：

a. 表示延续意义的：

The doors were opened, and the audience came crowding in.

大门开了，于是（或然后）观众们拥着进去。

大门开了,观众一拥而入。

In no time they re-entered the city <u>and</u> returned home through the back gate, <u>then</u> hurried over to Happy Red court.

不一会儿,他们就进了城,于是从后门回到府里,接着急急忙忙来至怡红院中。

不一会儿,他们就进了城,仍从后门进府,忙忙来到怡红院中。

b. 表示相反或对照的意义:

The monk may run away, <u>but</u> the temple can't run away with him.

和尚也许会跑掉,可是庙宇不会跟他们一起跑掉。

跑了和尚跑不了庙。

She was glad to go home, <u>and yet</u> most woefully sad at leaving school.

她回家很高兴,可是离开学校却非常难过。

她喜欢回家,又舍不得离校。

c. 表示推理的意义:

Comrade Chang is ill, <u>hence</u> he is not expected to work.

张同志病了,因此不要叫他工作。

张同志病了,不要叫他工作。

He is not honest, <u>so</u> he is not fit to be a cashier.

他不老实,所以他不适合当出纳员。

他不老实,不适合当出纳员。

(3) 复合句:

a. 时间状语从句:

<u>When</u> the news from the countryside reached the city, it caused immediately uproar among the gentry.

当消息从乡里传到城里的时候,它马上在绅士中引起了喧嚷。

乡里消息传到城里来,城里的绅士立刻大哗。

<u>When</u> the great filigree iron gates are once closed on her, she and her awful

sister will never issue therefrom into this little world of history.

当那镂花的大铁门对她一关上之后，她和她那可怕的姐姐就再也不会从那里跑到我们这个历史小天地里来了。

那镂花的大铁门一关上，她和她那可怕的姐姐就永远不会再回到我们这个小天地里来了。

b. 条件状语从句：

<u>If</u> he still refuses to confess his fault, we would give it him hot.

如果他再拒不认错的话，我们就要痛骂他了。

他再不认错，我们就要痛骂了。

"Well, sister, it's only two-and-ninepence, <u>and</u> poor Becky will be miserable <u>if</u> she don't get one."

"姐姐，字典才值二先令九便士，而可怜的蓓基，如果拿不着一本的话，她会难过的。"

"姐姐，字典才值二先令九便士，可怜的蓓基拿不着一本，心里岂不难过呢？"

c. 让步状语从句：

<u>Even if</u> you go there, there wouldn't be any result.

即使你去了，也不会有什么结果。

去了也是白去的。

She insisted upon Rebecca accepting a sweet sprigged muslin, which was too small for her now, <u>though</u> it would fit her friend to a nicety.

她坚持利蓓加要收下一件条子花纹的漂亮纱衫，那纱衫她穿着太小，可是利蓓加穿上一定合适。

她一定要利蓓加收下一件条子花纹的漂亮纱衫。她说这衣服她穿不下了，利蓓加穿上一定合适。

d. 结果状语从句：

He spoke so well, <u>that</u> everybody was convinced of his innocence.

他说得那么好听,以致每一个人都相信他是无辜的。

他说得那么好听,谁都相信他是无辜的了。

On the day Amelia went away, she was in such a passion of tears that they (people in the school) were obliged to send for Dr. Floss and half typsify her with sol volatile.

爱米莉离校那天,她哭得如此伤心,以致校里的人不得不请弗洛丝医生来,并且用嗅盐把她熏得半醉。

爱米莉离校那天,她哭得死去活来,校里的人只好请了弗洛丝医生来,用嗅盐把她熏得半醉。

e. 定语从句:

People who have enjoyed good educational opportunities ought to show it in their conduct and language.

那些已经享受过良好的教育机会的人们应该在他们的言语和行为中表现出来。

一个人有机会享受过良好的教育,应该在他的言谈举止中表现出来。

But persons who are of a lazy, or a benevolent, or a sarcastic mood, may perhaps like to step in for half an hour, and look at the performances.

可是那些具有一种懒散的或者仁慈的或者爱讥讽的性格的人们也许愿意到这里来消磨半个钟点,并看看各种表演。

不过也有人生就懒散的脾气,或者仁慈的心肠,或者爱取笑的性格,倒愿意来这里消磨半个钟点,看看种种表演。

(4) 复合长句:

英语重形合,主从句之间都有确切的联接词,所以往往把很多从句组织起来成为结构严谨的复合长句。汉语重意合,词句大都用意义结合,没有明确的联接成分,因此不可能像英语那样组成复合长句,往往形成为并列的散句或分立的单句。所以王力同志在《中国语法论》中说,英国人写文章往往化零为整,而中国人则往往化整为零。在翻译中处理复合长句时,尤其要掌握这一特点，用意合法将长句化整为零，成为并立的散句，或分立的单句，才能符合汉语的表达习惯，达到通顺、易懂的要求。否则，如果保持原来复合长句的结构，往往是读不通也是看不懂的。

After replying to the old man's greetings, he showed no inclination to continue the talk, although they still walked side by side, for the old ertraveller seemed to desire company.

他答复了那老人的问好之后，就表示不愿意继续再讲话了，虽然他们仍然并肩而行，因为那个年长的行路人似乎希望有一个伴侣。

他答复了那老人的问好之后，就表示不愿继续再讲话。可是，那个年长的行路人似乎要有个伴儿，两人仍然并肩而行。

Although schoolmistresses' letters are to be trusted no more no less than churehyard epitaphs; yet, as it sometimes happens that a person departs this life, who is really deserving of all the praises the stone-cutter carves over his bones; who is a good Christian, a good parent, child, wife or husband; who actually does leave a disconsolate family to mourn his loss; so in academies of the male and female sex it occurs every now and then, that the pupil is fully worthy of the praises bestowed by the disinterested instructor.

虽然校长们的信就跟墓志铭一样地靠不住，可是有时候偶然也有几个死去的人，他们确实当得起石匠刻在他们朽骨上的好话，他们真的是虔诚的教徒，良好的父母，子女，丈夫，或者妻子，他们确实丢下了伤心的遗嘱对他们悼念；所以在男学校和女学校里偶然也会有几个学生当得起老师们毫无私心的称赞。

一般说来，校长的信和墓志铭一样地靠不住。不过偶然也有几个死人当得起石匠刻在他们朽骨上的好话，真的是虔诚的教徒，慈爱的父母，孝顺的儿女，尽职的丈夫，贤良的妻子，他们家里的人也真哀思绵绵地悼念他们。同样的，不论在男学校女学校里，偶然也会有一两个学生当得起老师们毫无私心的称赞。

综上所述，我们认识到：英语重形合，而汉语重意合。在翻译中，我们必须掌握这些特点，不能拘泥于英语形合的结构，要适当地运用意合的方法，才能符合于汉语的表达习惯，使译文流转自如，明白晓畅，达到通顺和易懂的要求。这也是提高翻译质量的一个重要手段。

（原载《中国翻译》1981年03期）

英语定语从句译法新探

定语从句在英语中应用极广,其译法问题一向是英汉翻译中的一个重要课题。近几年来,翻译工作者在这方面不断探索,总结实践中的经验,提出了许多宝贵的意见,以求解决这一难题。这些意见,综合起来,似可归纳为下列几点:①(1) 限制性定语从句,较短者一般译为定语词组,放在被修饰语之前。较长者,或者作为词组放在被修饰语之前,或者作为并列分句,放在后面,视限制性的强弱而定。(2) 非限制性定语从句,一般作为分句放在修饰词之后,或译为独立句。但有时为了使文字紧凑,也可以译为定语词组放在前面。(3) 溶合译法,将原句中的主语或宾语和定语从句溶合在一起,成为一独立句,比较适用于限制性定语从句。另外还有一些特殊译法,要考虑句型结构及词意,灵活运用。

以上这些译法都是翻译工作者在长期实践中,积累经验,分析研究,所找出来的一些规律,对于提高翻译质量,保证译文的准确和通顺,起了很大的作用。但是在看了这些译法之后,总觉得头绪纷繁,有点难于掌握,不免有过于繁复之感。

为什么定语从句的译法如此繁复,难于掌握呢?一般大多认为其根本原因之一,就是"汉语里没有类似英语中定语从句的结构,定语只能放在它所修饰的词之前,而且一般不宜过长。"② 因此给定语从句的翻译带来了

---

① 主要参考《英汉翻译教程》及《翻译通讯》1980 年 4 期《英语定语从句译法初探》等文。
② 引自同上《翻译通讯》载文。

很大的困难。我们不能不大动脑筋，多方设法，寻蹊径，来解决这一难题。这样，译法就不免流于繁复，变化多端，很难总结出几条简而易行的原则来。

但是，如果我们仔细研究汉语的句法结也许会认识到，以上所说的这个根本原因，其实并不完全正确。因为，我们知道，英语重"形合"，词句之间有一定的联结关系，比较呆板。汉语重"意合"，词句之间，往往以意联结，没有一定的连接词，比较灵活。所以王力同志说："西洋语法是硬的，没有弹性；中国语法是软的，富于弹性。"① 惟其如此，所以，在汉语中，虽然，一般说来，修饰语放在被修饰词之前，但有时放在被修饰词之后也未尝不可：或者作为定语词组，或者作为积累式分句（accumulative clause）起解说或补充的作用，而放在被修饰词之后。这种结构，在汉语句法中，也并不是很少见的。王力同志称之为次品补语（secondary complement）②。在名家著作中，我们可以找到不少这一类的句例：

（1）作为定语词组，放在被修饰语之后：

我没有什么话可说的。

行李略已齐集，木器不便搬运的，也小半卖去了。（鲁迅：《故乡》）

先找着了凤姐的通房大丫头，名唤平儿的。（《红楼梦》）

（2）作为积累式分句，放在被修饰语之后：

再将吾妹一人，乳名兼美，表字可卿者，许配于你。（《红楼梦》）

火生起来，炉子烧得通红，上头坐着一饭盒饭，盒盖上刻着禹龙大字样。（胡裕树主编《现代汉语》）

海边的沙地都种着一望无际的碧绿的西瓜，其间有个十一二

---

① 王力：《中国语法理论》，第197页。
② 同上书，第209页。

岁的少年，项带银圈，手捏一柄钢叉，向一匹猹尽力地刺去。（鲁迅《故乡》）

正走之间，见路旁一座大土山子，约有二十来丈高，上面是土石相搀的，长着些高高矮矮的杂树林，却是个极宽展的大山环儿。（《儿女英雄传》）

从以上例句我们可以看到，这种句语结构和英语的定语从句非常相似，读起来又琅琅上口。采取这种句法来翻译英语从句，似乎不难达到准确、通顺的要求。同时，采用这种句法，从修辞效果上讲，似乎也比定语长句放在被修饰词之前为优，因为它使重点明确，层次清楚，易于领会。正如吕叔湘同志所说：

> 定语长了，放在前面，听的人老在惦着那个被修饰的名词，不知道你说的是什么人或什么东西，就要着急，也容易疲劳，搞得不好还会"迷路"。……放在后头，说的是什么人或什么东西已经在前面交代了，听的人就不着急了。[①]

基于以上各点，我认为一般定语从句的译法，可以归结为三条简单的原则：

Ⅰ. 定语从句较短的，放在被修饰词之前。
Ⅱ. 定语从句较长的，放在被修饰词之后，作为词组或分句。
Ⅲ. 定语从句较长，与主语关联不大紧密的，可作为独立句放在主句之前或后。

---

① 吕叔湘：《中国人学英语》，第156页。

这三条原则，对定语从句的翻译似都可以适用。至于限制性与非限制性定语从句的划分，我觉得意义并不很大，因为，事实上，在"限制"与"修饰"和"说明"之间并没有不可逾越的界限。以下试举几个例子，说明以上三条原则的运用：

原则 I：

Such adjectives can hardly distort the reality *which they concealed*.

这种饰词改变不了它们所掩饰的真相。

The people *who worked for him* lived in mortal fear of him.

在他手下工作的人们对他怕得要死。

原则 II：

The sun, *which had hidden all day*, now came out in all its splendor.

那太阳，整天躲在云层里，现在又光芒四射地露面了。（比较：那个整天躲在云层里的太阳，现在又光芒四射地露面了。）

The emphasis was helped by the speaker's mouth, *which was wide, thin and hard set*.

说话人的嘴巴，又阔又薄，绷得紧紧地，更加强了他的语气。（比较：说话人那又阔又薄紧绷绷的嘴巴，帮助他加强了语气。）

There will come a day *when people the world over will live a happy life under the sun of socialism*.

将来总会有一天，全世界人民都在社会主义的阳光下过幸福生活。（比较：全世界人民在社会主义阳光下过幸福生活的一天是会到来的。）

It (the aggressor) is the one *who has doomed one entire people to live on international charity, in the midst of concentration camps where sickness, squalor and desolation are rife*.

就是那个国家，把整整一个民族害得只能依靠国际救济，在难民营里过活，疾病蔓延，污秽不堪，一片凄凉。（比较：它就是害得整整一个民族在疾病蔓延、污秽不堪、满目凄凉的难民营里靠国际救济过活的那个国家。)

They would have had to live the rest of their lives under the stigma *that they had recklessly precipitated an action which wrecked the Summit Conference and conceivably could have launched a nuclear war.*

他们恐怕免不了以后终生蒙不洁之名，说他们贸然采取行动，使最高级会议受到破坏，而且，可以设想，还可能挑起了一场核战争。(比较：他们可能已不得不蒙着一种臭名而终其余生，这个臭名就是：他们曾经贸然采取了一项行动，这项行动破坏了最高级会谈，并且可以设想，还可能已触发一场核战争。)

原则Ⅲ：

He had talked to Vice-president Nixon, *who assured hin that everything that could be done would be done.*

他和副总统尼克松谈过话。副总统向他担保，凡是能够做到的，一定尽力去做。

There is no more difference, but there is just the same kind of difference, between the mental operations of a man of science and those of an ordinary person as there is between the operations and methods of a baker or of a butcher *who weighs out his goods in common scales* and the operations of a chemist *who performs a difficult and complex analysis by means of his balance and finely graduated weights.* (T. H. Huxley)

科学家的思维活动和普通人的思维活动之间存在着差别，这种差别就跟一个面包师或者卖肉者和一个化验师在操作方法上的差别一样。前者用普通的秤称东西的重量，而后者则用天平和精密砝码进行艰难复杂的分析。其差别不过如此而已。(比较：科学家的思维活动和普通人的思维活动之间有差别，这种差别就像一个面包师或者卖肉人用普通的秤称东西的重量，而一个化验师则用天平和精密砝码作艰难复杂的分析,这种操作方法上的差别一样。其差别不过如此而已。)

从以上这些例句看来,似乎一般类型的定语从句,都可以适用这三条原则。

另外还有一些定语从句,兼有状语的职能,说明原因、结果、目的、让步、条件等关系,就可以译成汉语中相应的偏正复句。在这一方面,许多同志已经作了详细的阐述,这里就不再重复了。

以上所提的这些译法,只是初步的设想,是一种试验性的探索。究竟是否行得通?其利弊如何?希望同志们在实践中加以检查,并提出批评的意见。

(原载《中国翻译》1982年02期)

"雅"义新释

我国近代著名翻译家严复提出的翻译标准——"信、达、雅",多年来一直是评价译文的尺度。后来虽有不少学者提出了不同的翻译标准,但似乎都未超越"信、达、雅"的范畴。直至最近,有的翻译家还提出"还是信、达、雅好"的主张,足见其影响之深远。

在这三个字中间,"信、达"二字作为翻译的主要标准,今天我国翻译界似乎没有异议,但是对于"雅"字,却一直存在着不同的看法。究其原因,就是对于"雅"字的涵义大家认识不一致。

有人把"雅"字理解为古雅、高雅,把它同严复的桐城派古文等同起来,那么,这种陈旧腐朽的文字,早已失去了生命力,当然不能再作为今天翻译的标准。但是也有的翻译家认为"雅"字仍可保留,因为随着时间的推移,"雅"字已具有新的涵义,今天仍可适用。

所谓新的涵义是什么呢?大概不外乎两种解释。一种认为"雅"代表"原作的风格",而译文必须如实地再现原作的风格。但是,如果把"雅"理解为"忠实于原作风格",那就应该属于"信"的范畴,不必另外订出一个"雅"字来。苏联翻译家费道罗夫提出等值翻译的定义说:"译文应该读起来像读原文一样地愉快,而又忠实于原文的精神、意思和风格"。从这一定义看,显然,"忠实于原作风格"属于"信"的范畴,没有必要另外订出一个"雅"字,而且那也是不适当的。因为风格有雅,也有俗。如果原作的风格是俗的,译作如何能"雅"呢?王佐良先生说得好:"从译文来说,严复的'信、达、雅'里的'雅'字是没有道理的——原作如不雅,又何雅之可言?"同时,我们相信,严复当日提出"雅"字,决不是指的"原作风格"。不可能设想他会用桐城派的古文去再现 Adam Smith 或者 Huxley 的风格的。

另外一种解释,认为"雅"字指文词的优美,也就是说,译文必须讲究修辞效果。这种提法,未免过于笼统。任何文章都应该讲究修辞效果。"达"就可以不讲究修辞效果吗?那么"达"和"雅"在涵义上有什么区别呢?至多不过是程度上的差别罢了,又何必另外提出一个"雅"的标准来呢?

所以,究竟"雅"的涵义是什么?至今还没有一致的明确认识。如果涵义还不明确,那么,把"雅"作为翻译标准,能起什么指导作用呢?因此,我认为,今天我们探索"雅"的真实涵义,还是有必要的,对于指导翻译工作还是有现实意义的。

要探索"雅"的涵义,首先,我们必须研究严复当日提出"雅"字的真实用意何在。关于这一点,《天演论·译例言》中说得很清楚:"易曰:'修词立诚',子曰:'辞达而已',又曰:'言之无文,行之不远'。三者乃文章正轨,亦即为译事楷模,故信达而外,求其尔雅。"这里,"修词立诚"指的是"信";"辞达而已"指的是"达",而"言之无文,行之不远"指的是"雅"。所以严复提出"雅"字,其用意是很明显的,就是为了"行远"。说得具体一点,就是:他当日用桐城派的古文体译书,就是为了要使知识分子能够普遍接受,从而广泛传播资产阶级民主主义的思想,以实现他"自强保种"的愿望。关于这一点,王佐良先生在 Two Early Translators Reconsidered 一文(见《外语教学与研究》1982 年第 1 期)中说得极其透彻。他说:

> Yan took up translation with a purpose: to attract the attention of people who he thought really mattered, namely, the intelligentsia ... The books he

was translating ... were the great basic books of modern Western thought which shaped an efficient capitalist society. He knew what a bitter pill the books contained for minds still taking refuge in medieval dreams and so he sugar-coated it with something they treasured, a polished antique style. Elegance, in other words, was Yan's salesmanship ... Within a few years, his translation won a large readership. His ideological onslaught proved successful.

（严复的翻译是有目的的：就是要引起他所认为真正有影响的人，即知识分子的注意……他所翻译的书都是形成西方资本主义社会思想体系的经典著作。他知道这种思想，对当时沉湎于中古世纪迷梦中的知识分子来说，等于一味苦药。所以，他用知识分子所欣赏的古雅文体给苦药裹上一层糖衣，使它容易下咽。所谓'雅'也者，实际上是严氏的推销术。……果然，不出数年，他的译作赢得了广大的读者，他的思想攻势取得了成功。）

确实，在当时的历史条件下，严复要达到广泛传播思想的目的，必须采用桐城派的古文体来翻译。因为桐城这一文学流派，从清初到清末，煊赫达二百年之久，虽曾一度衰落，但是到了清朝末叶，由于曾国藩等的标榜，又呈复兴之势。当时的士子莫不视桐城派为"文章之正轨"，甚至有人说："天下文章其出于桐城乎！"至于严复后文所说："实则精理微言，用汉以前字法、句法则为达易，用近世利俗文字，则求达难"，实质上也体现了桐城派的一贯主张。桐城派认为，他们的文章砰流是上接《左传》、《史记》等先秦、两汉的散文，通过唐宋韩欧等古文大家一脉相承的。桐城派的文章重"义法"，要求文字雅洁，结构严谨，这比起当时其他的文体来，在"达意"方面也有一定的优越性。所以严复当时采用桐城派古文体翻译是完全恰当的、必要的。不可能设想，如果他当时采取其他的文体，如时文体、语录体或演义体等等，会产生这样深远的影响，得到这样巨大的成功。

根据以上的分析，我们可以说，"雅"字的涵义就是：**运用读者所最乐于接受的文体，使译文得以广泛流传，扩大影响**。从这个意义上说，"雅"这一标准似乎今天仍然是适用的。

有人也许会提出疑问：严复的这种主张，着眼于读者，要求迎合读者爱好以扩大销路，这是不是过于功利主义化，有"媚俗、取宠"之嫌呢？我觉得这样的批评是不恰当的。因为从翻译工作的性质和功能来说，提出上面所说的要求是正确而必要的，证之当代西方翻译家的理论，其说益信。

当代西方的翻译家中，美国的尤金·奈达（Eugene A. Nida）对于翻译理论研讨得非常广泛而深刻，他的 *Toward a Science of Translating* 和 *The Theory and Practice of Translation* 二书，已成为今天研究翻译理论的必读书籍。在书中，他提出了"交流功能"的翻译理论（Communication Theory of Translation），认为翻译的主要功能就是交流思想。所以翻译必须以读者为服务中心，必须以读者的反应作为评价翻译作品的标准。他提出了"同等反应"（equivalence of response）的论点，他说："衡量一部翻译作品必须首先考虑的问题，就是检查译文读者会作出什么样的反应，然后将译文读者的反应与原文读者的反应加以比较。"既然以读者的反应作为衡量译文的标准，那么，译文的文体就必须适应读者的接受能力。奈达在翻译中实践了他自己的主张。他翻译的《圣经》（*Good News Bible*）就完全改变了《钦定本圣经》（*Authorized Version of Bible*）那种古奥艰深的文体，而代之以浅显明白的现代英语，为的是使读者能普遍地接受，更广泛更深入地宣扬教义。

我们把奈达的这些论点和严复当日提出"雅"字的观点相比较，就会感到"何其相似也"。两者都以读者为着眼点，都重视读者的反应，都强调译文文体对读者的适应性。一个是当代美国的翻译家，一个是清末中国的古文翻译家，两人相隔万里，相去将及百年，而对于翻译的一些基本观点，所见却如此相似。这难道是偶然的巧合吗？不是的。这是因为他们对于翻译的功能——交流思想——的认识是一致的。出发点相同，必然趋向于同一途径。

在这里，必须指出，读者所乐于接受的文体并不是一成不变的，而是随着时间的推移而不断演变的。所以，"雅"的标准也是因时而异的。我们今天的"雅"断然不同于严复当日的"雅"。试以具体译例说明之。

例如，Washington Irving 传诵文坛的名作 *Rip Van Winkle* 第一段写卡茨基尔山的景色如画，文笔优美，原文如下：

> Every change of season, every change of weather, indeed, every hour of the day produces some changes in the magical hues and shapes of these mountains, and they are regarded by all the good wives, far and near, as perfect barometers. When the weather is fair and settled, they are clothed in blue and purple, and print their bold outlines on the clear evening sky; but sometimes when the rest of the landseape was cloudless, they will gather a hood of gray vapours about their summits, which, in the last rays of the setting sun, will glow and light up like a crown of glory.

这段文字，严复同时代的翻译家林纾在《拊掌录》中翻译如下：

> 四时代谢，及旦晚阴晴，山容辄随物候而变，因之村庄中承家之妇，恒视此山若寒暑表焉。若在晴稳时，则山色青紫驳露，接于蔚蓝之中，空翠爽肌；或天澹无云，则峰际如被云中，蔚然作白气，斜日倒烛，则片云直幻为圆光，周转岩顶，如仙人之现其圆明焉者。

译者以典雅的文笔，描绘绚丽的景色，传达了原作的神采。当时的读者读了这样的译文，一定击节叹赏，可以说达到了严复的"雅"的标准。

现代的翻译家万紫、雨宁翻译同一段文字如下：

> 每一季节的转换，气候的每一变化，乃至一天中每一小时的转变，

都会使这些山峦的万姿千态有所变换,因此远近的主妇都把它看作精确的晴雨表。天气晴朗平静的时候,山峦呈现出一片蓝紫颜色,雄浑的轮廓印在傍晚的碧空云际,但有时,四处万里无云,山顶上会聚着一团灰雾,在落日的余晖照耀下,就像一顶灿烂的皇冠放射着异采。

译者以鲜明生动的语体文,同样如实地描绘了卡茨基尔山的绚丽景色。现代的读者读了这样的译文,感到亲切、自然、流畅,一定也很欣赏的。因此,这也同样是符合"雅"的标准的。所以说,"雅"的标准是因时而异的。更进一步说,如果严复或林纾生在今天,重新译这一段文字,一定要用后一种文体,而不能用桐城派古文了。如果他坚持古文,那么,读者接受不了,"行之不远",就达不到"雅"的要求了。

"雅"的标准,不但因时而异,而且因文而异。不同类型的文章要求不同的文体。小说有小说的文体,新闻有新闻的文体,政论有政论的文体,公文有公文的文体。如果写小说而用公文体,读者接受不了,也就"雅"不起来了。

总起来说,"信、达、雅"三个字,"信"就是忠实于原文的内容,"达"就是文笔要通顺,使人能看得懂;"雅"就是文体必须适应读者的要求。这三个字互相配合,相辅相成,而构成一个整体的概念,不可割裂,也不能有所偏废。如果"信而不达",则读者看不懂,"译犹不译也"。如果"达而不信",则脱离了原作的内容,就不能算是翻译,只能算是创作了。如果"信、达而不雅",则读者难于接受,"行之不远",就不能发挥翻译的功能了。

以上是我学习严复的翻译标准,结合当代西方翻译家的论点,想谈的一点肤浅体会。其很多提法可能不恰当,或有牵强附会之处,诚挚地盼望读者批评指教。

(原载《中国翻译》1983年10期)

怎样发挥译文的语言优势

"准确"与"通顺"作为一般翻译的标准,今天在我国翻译界似乎认识上已趋于一致。但是,什么样的译文才能算得准确而又通顺呢?这一点大家似乎还有不同的看法,而且分歧很大,因而不免影响译文的质量,存在着很大的差距。有些译文,译者只凭着对原文表层结构的理解,逐字逐句的移译,表面上似乎忠实于原文,实际上词句既生硬牵强,意义又晦涩难懂。美之者誉为"翻译体",诟之者称为"**翻译腔**",读者必须硬着头皮去看,而有时还看不懂。这样的译文,显然不能说已达到了"准确"和"通顺"的要求。因为翻译的第一个任务,就是要让不懂外文的本国读者看懂,一目了然。现代西方翻译理论家提出"同等感受论"(equivalence of response),更要求本国的读者读了译文,能得到外国读者读原文同样的感受,这就对译文提出了更高的要求。如果译出来的东西,读者要硬着头皮去看,甚至还看不懂,那么,这种译文有什么实际意义呢?正如严复所说:"顾信矣而不达,**译犹不译**也。"所以,苏联的翻译家费道罗夫认为:合格的翻译应该**读起来跟原作一样的舒服**,而又忠实于原作的精神、意思和风格。我国的著名学者钱钟书先生拈出一个"化"字作为翻译的最高标准:"把作品从一国文字转变另一国文字。既不能因语文习惯的差异而**露出生硬牵强的痕迹**,又能完全保持原有的风味,那就算入于化境了。"当然,这是翻译的最高境界,不是容易达到的。然而,这也正是我们从事翻译工作者必须努力以赴的目标。怎样才能把原作"化"过来,而又丝毫没有生硬牵强的痕迹呢？我觉得，首先必须对原文**透彻**的理解。所谓"透彻"，就是必须透过原文表层结构的理解，而深刻领会原作者的意旨、思想、感情和风格。然后，根据我们的领会和感受，大胆运用汉语的语言艺术进行**再创作**。在再创作的过程中，必须摆脱原文表层结构的束缚，自由运用汉语的语法和修辞技巧，尤其是要充分发挥汉语所**特有**的，与**英语不同的表达方式**，才能使译文运转自如，流畅生动，消除翻译腔的痕迹，而达到纯粹汉语化的效果。近来有些翻译家提出"**发挥译文语言优势**"的论点①似乎也是说明同样的道理。严复所说："**信达**而外，当求其**雅**"的意思，也可以与此相互贯通。所谓汉语特有的表达方式，指的是什么呢？我以为主要表现在两个方面：（1）"**意合**"句法的运用；（2）成语和俗语的运用。这两点对于提高译文的质量有很大的作用。兹分别说明如次：

（1）"**意合**"句法的运用：形合（hypotaxis）与意合（parataxis）是英语和汉语在句法结构上的一个重要区别。英语重形合，在句子的各个成份（词、词组、分句）之间，大都有确切的连接词（conne ctives），所以往往把很多分句组织起来成为结构极为复杂的**多层复合句**（multi-complex sentence）。汉语重意合，句子的各个成份之间，往往没有连接词，而以意思衔接起来，以语序表明先后的逻辑关系，所以汉语不可能把很多的分句衔接起来成为结构极其复杂的多层复合句，而更多的是**以意连接，按逻辑顺序排列，层次分明的并列分句或单句**。有的翻译家把英语的句法结构比之于竹子的枝节的衔接，称之为**竹节句法**，而把汉语的句法结构称之为**流水句法**。这是非常形象化地说明了英汉句法的特征。严复《天演论译例言》中曾说过："西文中名物字，多随举随释，. 如中文之旁支，后乃遥接前文，足意成句，故西文句法少者二三字，多者数十百言，假令仿此为译，**必不可通**……此在译者将全文神理，融会于心，则下笔抒词，自善互备。"这是他深刻体会到英汉句法结构之悬殊，所以切戒生搬硬套，必须将原意融会

---

① 参阅：许渊冲《扬长避短，发挥译文优势》文（刊《翻译通讯》1982年第四期），及翁显良《见全牛又不见全牛》文（刊《翻译通讯》1982年第三期）。

贯通,然后,按汉语习惯表达方式,重行改组句法,方能使文字畅达。这是老翻译家深切的经验体会。正因为如此,所以在翻译时,不能拘强于原文的形合法,必须适当地使用意合法;以流水句法代替竹节句法。这样,才能符合于汉语的习惯表达方式,使译文流转自如,明白晓畅。在一般翻译中如此,而在文学翻译中,尤其如此。因为文学作品是用语言创造的艺术,如果译文拘泥于原文的形合结构形式,往往词句生硬,冗长累赘,失去了汉语的语言艺术之美,不可能产生应有的艺术感染力量,文学作品也就失去了它的价值了。举例说明如次:

［例1］ It had been a fine, golden autumn, a lvely farewell to those who would lose their youth. and some of them their lives, before the leaves turned again in a peacetime fall.①

［译文一］那是个天气晴朗,金黄可爱的秋天,动人的秋色为那些人们送别,他们将要失去他们的青春,有的失去他们的生命,在和平时期的秋天树叶再度转黄之前。

［译文二］那是个天朗气清,金黄可爱的秋天,动人的秋色为青年们依依送别。待到战后和平时期黄叶纷飞的秋天再度来临时,当日的青年已经失去了青春,有的失去了生命②。

［例2］ The hope of "early discovery" of lung can cencer followed by surgical cure, which currently seems to be the most effective form of therapy is often thwarted by diverse biologic behavior in the rate and direction of growth of the cancer.

［译文一］随着肺癌的"早期发现"继之以目前最有效的外科治疗,这种希望常因癌生长速度和方向等生物学特征的不同而破灭。

［译文二］人们希望"早期发现"肺癌,随之进行外科治疗,这可

---

① 这一段写的是1941年秋天美国参战以前的社会景象。
② 引自《光荣与梦想》,朔望、董乐山校译。

能是目前疗效最好的办法。然而，由于肺癌生长速度和方向等生物学特征的不同，早期发现的希望往往落空。

［例3］ His business connections with the impecunious great both in France and in England had secured the foothold he had obtained on his arrival in Europe as a young man with letters of introduction to persons of consequences.

［译文一］他和英国法国那些中落的大家族的商业关系，巩固了他初到欧洲时，作为一个凭着介绍信去见名流的年轻人所取得的社会地位。

［译文二］他初到欧洲时，还是个凭着介绍信去见名流的年轻人、后来和英国法国那些中落的大户人家发生商业关系，这才巩固了原先取得的社会地位。

［例4］ Torcello, which uses to be lonely as a cloud, has recently become an outing from Venice. Many more visitors than it can comfortably hold pour into it, the regular, off Chartered moter-boats, and off yachts, all day they amble up the tow path , looking for what?

［译文一］过去像一片云那样孤独的托车罗最近却成了从威尼斯出来游玩的地方。比它能够适当地容纳的人数多得多的游客涌进那里，搭定期汽船来的，包租摩托艇来的，驾游艇来的，他们整天缓步走上那条线路，找什么呢？

［译文二］托车罗往日寂寞如孤云。近来却成了威尼斯外围的游览点。来客太多了，这个小地方就拥挤不堪。搭班船的，坐包船的，驾游艇的，一批批涌到，从早到晚，通过那条线路，漫步进村观光，想看什么呢？

［例5］ Set along the blue Danube beneath the wooded hills of the Wienrwdld, which were studded with yellow-green vinegards, it (Vienna) was a place of natural beauty that captivated the visitors and made the Viennese believe that Providence had been especially kind to them.

[译文一] 位于树木葱茏的维纳瓦尔德山下，蓝色多瑙河畔，到处点缀着黄绿色葡萄园的维也纳，是使外来的游客为之迷醉，而使维也纳本地人感到上帝对他们特别优惠的一个富有天然美景的地方。

[译文二] 维也纳位于维纳瓦尔德树木葱茏的山脚下，蓝色的多瑙河畔，山坡上到处点缀着黄绿色的葡萄园。这是一个富有天然美景的地方，外来的游客固然为之心醉神迷，而维也纳本地人也自以为得天独厚。①

（2）**成语和俗语的运用**。在汉语语汇中有大量的成语（idioms），包括谚语（proverbs）和俗语（colloquialisms），是广大人民在长期生活斗争实践中积累起来的语言宝藏，大多言简意赅，形象生动，含意丰富，表达力强。在英语中，也有大量的成语。但是，由于英汉句法结构的差别，在英汉成**语的运用方面，也有些不同之处**。汉语中的成语，尤其是**四字组成的成语**，大都可以作为**单词**或**词组**使用，构成句子中的**主语**、**谓语**、**表语**、**定语**、**状语**等各种成分。英语中有些成语也可以这样用的，称为 lexemic idioms（词素化成语），但为数不多。而汉语中的成语，却绝大多数都可以这样运用。由于这一特点，所以在英汉翻译时，有些英语中**非成语的单词或词组**，**也可选择恰当的汉语成语把它表达出来**。这样就可以**加强译文的表达力量，使行文流畅，生动有力，形象鲜明，意义醒豁**。**这是提高译文质量，加强修辞效果的一个有效的手段**。当然，成语的运用必须经过精心考虑，力求切合于原文的含意与格调，才能使译文达到忠实与流畅相结合的效果。滥用成语，任意扩大或缩小原文的意思，加强或削弱原文的语气，都是不足取的。举例说明如次：

---

① 引自《第三帝国的兴亡》，董乐山等译。

［例1］ It was clear that from now on the Czechoslovak nation existed at the mercy of the leader of the third Reich.

［译文一］ 很清楚，从此以后捷克斯洛伐克国家只是在第三帝国的领袖支配下图生存而已。

［译文二］ 人人都了然，从此以后捷克斯洛伐克国家只是在第三帝国的领袖鼻息之下，苟延残喘而已。①

［例2］ The German penetration of the Allied lines was a damning commentary on the supposed invulnerability of the Maginot Line.

［译文一］ 德军突破盟军防线就是对马奇诺防线**攻不破这种说法的最严厉的批判**。

［译文二］ 据说**马奇诺防线是固若金汤的**。可是德军突破盟军防线就把这种说法驳得体无完肤了。

［例3］ while such honey dew fell, such silence reigned, such gloaming gathered, I felt as if I could haunt such shade for ever.

［译文一］ 当这样**甜蜜的露水降落**，这样**一片寂静笼罩**。这样**四周暮色集合**的时候，我觉得我仿佛可以永远在这树荫下徘徊下去。

［译文二］ 在这样**甘露徐降**，这样**万籁俱寂**，这样暮色渐浓的时候，我真想永远，永远地地在树荫之下**流连徘徊**。②

［例4］ She talked to Elizabeth again and again—coaxed and threatend her by turns…Elizabeth sometimes with real earnestness and sometimes with playful gaiety, replied to her attacks. Though her manner varied, however, her determination never did.

［译文一］ 她一再找伊丽莎白谈话**一会儿央求她，一会儿威胁她**。……伊丽莎白**有时以认真的态度，有时以玩笑的态度**，对付她的进攻。虽然态度有变化，可是决心却毫不动摇。

---

① 引自《第三帝国的兴亡》，董乐山等译。
② 引自《简·爱》，祝庆英译。

[译文二] 她一再找伊丽莎白谈话，**软硬兼施**……伊丽莎自却对她**亦庄亦谐**，应付自如，尽管态度有所变化，而决心却毫不动摇。①

[例5]：They drifted across the land, and gather in the big cities when winter came, hungry, defeated, empty, hopeless, restless, driven by they knew not what, always on the move, looking everywhere for work for the bare crumbs to support heir miserable lives, and finding neither work nor crumbs.

[译文一] 他们在各地到处漂流，冬天到了，才在大城市集中起来，**饥饿、失败、空虚、无望、心绪紊乱**，不知被什么所驱使，总是奔波，到处找工作，到处找一点面包屑糊口，可是两者都找不到。

[译文二] 他们走遍了全国各地，冬天到了，才在各个大城市集中起来，**忍饥受饿、到处碰壁、四顾茫茫、前途无望、心烦意乱**，莫名其妙地不停奔波，到处找工作，到处找一点仅足糊口的面包屑，可是就是没法找到。②

翻译是一种艺术，是一种创造性的工作，并不受严格的定律和规则的支配，所以要提高译文的质量，主要依靠译者对原文的领会的深度，以及对汉语技巧的运用和表达能力的高低，不可能订出几条简单明了，行之有效的法则或公式来。在**本文**中，只是想**指出汉语在表达方式上不同于英语的两个主要特点**，以便译者在翻译时适当地掌握这些特点，充分发挥**汉语语言艺术的优越性**，使译文运转自如，流畅生动，尽可能消除翻译腔的痕迹，而达到纯粹汉语化的效果。

（原载《国际关系学院学报》1983年01期）

---

① 引自《傲慢与偏见》，王科一译。
② 引自《光荣与梦想》，朔望、董乐山校译。

望文生义

——试谈深层结构分析与翻译

原刊编者按：① 美国著名语言学家乔姆斯基（N. Chomsky）关于语言的表层结构和深层结构的理论研究，对当代语言学的发展起了一定的作用。如何把这一理论应用到翻译实践中去，是一个很值得探讨的问题。

E. A. Nida 是美国当代著名的翻译理论家，他所著的《语言结构与翻译》等一系列著作在国际上颇有影响。

本刊这期发表的《望文生义——试谈深层结构分析与翻译》一文，就是作者根据 N. Chomsky 和 E. A. Nida 的有关理论分析一些英译汉的译例，并提出几点自己的看法。

为帮助读者了解 E. A. Nida 的翻译理论，本刊还请上海外国语学院英语系翻译教研室副主任邱愚如同志撰写《翻译的过程——尤金·奈达的翻译理论简介》一文，供读者参考。

中国有句成语，叫做"望文生义"，意思是说"只从字面上去了解意义是不可靠的，往往会发生错误。"本来，语言文字是表达思想的工具，通过语言文字去了解思想是正确的途径，为什么会发生错误呢？这是因为，语言的产生并不是人们根据几条统一的、科学的规律制订出来的，而是随着人类社会

---

① 此为原发表刊物编者按。

的发展而自然产生的。社会的"约定俗成"起着决定的作角石因此，词句形式与表达的语意之间，没有必然的、固定不变的规律，而是随着社会习惯的转移而不断变化的，两者之间有着错综复杂的关系。往往不同的词句形式可以表达同一的思想，而同一的词句形式却可以表达不同的思想，例如：

（1）He moved astonishingly fast.
He moved with astonishing rapidity.
His rapid movements astonished us.
The rapidity of his his ovements was astonishing.
He astonished us by the rapidity of his movements.

以上几句，词句形式不同，而表达的意思只是一个：他的行动快得惊人。又如：

（2）What distressed him was being disregarded by everyone.

这一句话，同一的词句形式却可以表达两种截然不同的意思：
（a）"谁也不理会他为什么烦恼"。（b）"使他感到苦恼的是，谁也不理睬他。"

正因为词句形式与表达语意之间存在着这种错综复杂的关系，所以美国语言学家 Noam Chomsky 提出了表层结构（surface structure）和深层结构（deeper structure）这个著名的论点，要求我们透过表层结构，进入到深层结构分析，才能理解说话人的真实思想。

这个论点，对于翻译工作，也有重要的指导意义。所以，当代西方卓越的翻译理论家尤金·奈达（Eugene A. Nida）在他的名著 *Toward a Science of Translating* 中，特别强调深层结构对翻译的重要意义。他认为"要弄清某一结构的表层，必须追溯到这一结构的深层"。所以，"分析语义最理想的方法，是运用 Chomsky 的转换生成语法。"例如，上面例句（2），我们进一步分析其深层结构，就有两种可能：

(1) Everyone disregarded what distressed him.
(2) He was distressed for being disregarded by everyone.

翻译工作者必须结合上下文意义和具体情境，才能确定究竟是属于哪一种深层结构，如果原句的上文是"Although John was in a much depressed mood, yet nobody paid him any attention."那么，我们就可以推断是属于第一种深层结构，就应该正确地翻译如译文（a）。如果，原句的上文是"John was highly conceited of himself, anxious to gain the recognition of others."那么，我们就可以推断是属于第二种深层结构，就应该正确地翻译如译文（b）。显而易见，如果我们停留在表层结构的分析，是不可能达到正确的理解和翻译的。英语中有一句成语"No context, no text."（意思是说：脱离了上下文意义和具体情境①，就不能正确理解任何文词的意义。）也正是说明了这个道理，这和深层结构的论点是可以相通的。

但是，在翻译实践中，这一条基本原则似乎还没有得到应有的重视，停留在表层结构的分析，因而误解了作者的原意，这种情况是往往有的，即使著名的翻译家偶尔也不免有疏忽之处。例如钱歌川先生的《翻译的技巧》② 是一本翻译理论技巧的精湛之作，风行海内外，对于提高翻译水平起了很大的作用，但是其中有一些译例，似乎也停留在表层结构的分析，恐怕不一定符合作者的原意。下面试从该书中摘引数例，并略加分析。

[**例1**] It is a wise father that knows his own child. (*The Merchant of Venice*, II, ii)（第 128 页）

---

① context 这个词有两个意思：1. 上下文；2. 周围情况。
② 钱歌川编著：《翻译的技巧》，商务印书馆，1982年。

这句话的译文引起了不少争议：

梁实秋译："只有聪明的父亲才能认识他自己的儿子呢。"
朱生豪译："只有聪明的父亲才会知道他自己的儿子。"
钱先生认为他们两位都译错了，应译为：
"任何聪明的父亲都不见得完全知道他自己的儿子的。"

因为梁、朱、钱三位都是著名的翻译家，似乎都"译之成理"，因此学者不免感到迷惘，究竟何所适从呢？有的学者写信去问英语杂志，也得不到明确的答复。这充分说明只凭表层结构的分析，是不可能得到正确的结论的。

钱先生的译法是根据句型确定的。他认为这句话与其他两句成语的句型相似：

It is an ill wind that blows nobody good. （"任何事都不能对人人有害。""害于此者利于彼。"）
It is a wise man that makes no mistakes. （"任何聪明人都不免要做错事。""智者千虑，必有一失。"）

因为这一句型相似，所以也应作同样的理解，译为"任何聪明的父亲也不见得……"。从表面上句型的分析，这种译法似乎也不无理由，但是如果我们结合上下文意和时代背景来探索，可能就会有不同的认识。

这句话引自《威尼斯商人》（The Merchant of Venice），具体背景是：瞎眼的老高波（Old Gobbo）到夏洛克（Shylock）家里去找他的儿子朗斯洛特（Launcelot），面对着自己的儿子不认识，反而问他"朗斯洛特在哪里？"儿子就戏耍瞎老子，骗他说朗斯洛特死了，下面是一段对话：

Gobbo: Alack the day! I know not you young gentleman, but I pray you tell me, is my boy (God rest his soul) alive or dead?

Launcelot: Do you not know me father?

Gobbo: Alack, Sir, I am sand-blind, I know you not.

Launcelot: Nay indeed if you had your eyes you might fail of knowing me: *It is a wise father that knows his own child.*

根据上下文意，梁实秋的译文似乎文意通顺，容易理解："朗：真是的，你就是有眼睛，也不见得认识我：只有聪明的父亲，才认识自己的儿子呢。"后面这一句是解释前面一句：只有聪明的父亲才认识自己的儿子，所以，即使你有眼睛，如果你不聪明，也不见得会认识自己的儿子。钱先生把它改为"任何聪明的父亲也不见得完全知道……"这样一改，上下文意既不贯通，意思也很难理解。什么样才叫"完全知道"，很是费解。而且，在这一段对话中，完全是朗斯洛特戏耍他的瞎老子，完全是嘲弄的口吻，这一句突然变为辩解的口吻，语气也不一致。

同时，我们还必须了解这句成语的时代背景。原来这句话同"It is an ill wind ..."和"It is a wise man ..."那两句成语是风马牛不相及的。这是套用十七世纪英国流行的一句成语①：

"It is a wise *child* that knows his own *father*."
因为小孩子从小在母亲怀抱里长大，有的孩子往往只知有母不知有父，所以说"只有聪明的孩子才认识自己的父亲。"在这里，莎士比亚套用这句成语，故意把"child"和"father"两个字颠倒一下，更增加了诙谐意味。

所以只凭表面句型的理解，不结合上下文意和时代背景，这种译法恐

---

① 参阅 The Merchant of Venice, Arden Edition. p. 39. footnotes: "It is a wise... child" —This is a *twisted version* of the proverb "It is a wise child that knows his own father". (Vida M. C. Tilly's *A Dictionary of the Proverbs in England of the 16th and 17th Centuries* 1951, p. 309)

怕不完全符合莎士比亚的原意吧。

［例2］ I am then never less alone than when alone.（W. Hazlit）（第380页）

钱先生认为这句应译为"我出外旅行时和一人在家时同样地孤寂。"从字面上理解，这样译可能是对的，但这是不是 Hazlit 的原意呢？这一句来自 Hazlit 的名篇 "On Going a Journey"，全篇的意思是说他最喜欢独自个出去旅行。因为在旅途中山光水色，鸟语花香，都是他的良伴，所以，虽然孤独一人，而丝毫没有孤寂之感。原文摘引如下：

One of the pleasantest things in the world is going a journey, but I like to go by myself. I can enjoy society in a room; but out of doors, nature is *company enough* for me. *I am then never less alone than when alone.* "The field was his study, nature was his books."

根据上下文意，这一句的意思是说"我从来没有象那时候那样地感到不孤寂。"也就是说："我那时候虽然孑然一身，却丝毫没有孤寂之感。"这句的 "never" 一词似乎不是"否定词"而是"强调词"（近似 "I have never been so …" 之意）。

按照钱先生的译法，似乎 Hazlit 旅途寂寞，不胜踽凉之感。这恐怕与 Hazlit 当时的心情不尽相符吧！

另外还有一些译例，书中根据表层结构的分析，断定某种译法是正确的，另外一种译法是错误的。但是如果我们作进一步的分析，也许会认识到在不同的上下文和情境之中，另外一种译法也同样可以的，不能算是错误的。

［例3］ He has never recovered her loss.
（1）他永未能补偿她的损失。（误）
（2）他永含失侣之悲。（正）（第382页）

但是假定这句的上文是 "when John was in financial trouble, his wife pawned her gold trinkets to help him. But ..." 那么，第一种译法似乎也很通，不能算是错误，而第二种译法却反而令人莫名其妙了。

[例4] She will make you a good wife.
（1）她将使你做一个好妻子。（误）
（2）她将成为你的好妻子。（正）（第390页）

但是，假定这一句上文是 "Your mother always teaches you to do housework ..." 那么第一种译法似乎也很通，不能算是错误，而第二种译法却反而使人莫名其妙了。

[例5] Nobody will be the wiser.
（1）谁也不会更为聪明。（误）
（2）谁也不懂得。（正）（第381页）

但是，假定这一句的上文是 "Each of them is too shrewd not to look after his own interest cunningly in a contention like such." 那么，第一种译法似乎未尝不可，不能算错。

[例6] Don't you see the writing on the wall?
（1）你不看见墙上的字吗？（误）
（2）难道你看不到灾难的迫切吗？（正）（第381页）

但是，假定这一句的上文是 "No smoking is allowed in this room ..." 那么，第一种译法就不能算是错误的。

［例7］ Somebody will have to break the ice.

（1）有人一定会把冰敲破的。（误）

（2）总有人得先开口说话。（正）（第402页）

但是，假定这一句的上文是"Lower reaches of the river being ice-bound, the steamer cannot proceed any further …"那么，第一种译法也应该说是成立的。

［8］Eighty poor people perished.

（1）有八十个穷人死亡。（误）（第408页）

（2）不幸有八十人死亡。（正）（第564页）

但是，假定这一句上文是"A riot in the slum district was crushed by the police yesterday."那么，第一种译法，似乎也未尝不可。

［例9］ I would rather have his room than his company.

（1）我宁愿要他的房间，不要他的公司。（误）（第407页）

（2）我宁愿他不在此地。（正）（第562页）

但是，假定这一句上面的问句是"He offered to let you take over his profitless company instead of his room. What do you think of the idea?"那么，第一种译法似乎不能算"误"。

［例10］ There is nothing like home.

（1）没有像家一样的东西。（误）

（2）任何地方都没有家里好。（正）（第399页）

但是，假定这一句的上文是"John remains a baehclor all these years, drifting from one boarding house to another. To him …"那么，第一种译法似乎也未尝不可，不能算是错误的吧。

从以上这些译例，已足以说明深层结构的分析对于翻译的重要意义，停留在表层结构的分析，往往得不到正确的结论。所以，"望文生义"应当引以为戒，而"No context, no text"则是一条必须遵守的原则。以上是我学习深层结构分析和尤金·奈达的翻译理论后一些肤浅的体会和不成熟的意见，其中恐怕有很多错误的，或者是牵强附会的地方，诚挚地希望同志们给予批评指教。

（原载《外国语》1984 年 02 期）

译诗像诗

——读郭老遗作《英诗译稿》

译诗之难，人所共喻；有人认为诗是根本不可译的。但是，自古以来，偏偏有许多人喜欢译诗，为此抛尽心力，乐此不疲。正如英国格里埃逊教授（Professor Grierson）所说：

If (verse) translation is, as it has been affirmed, impossible, it is equally certain that i t is impossible not at times to defy the statement and try. One can't, after all, rule out verse translation, remembering what English poetry owes to the attempts from Chaucer's Troylus to Fitz Gerald's Rubaiyat.

（诗的翻译，虽然有人认为是不可能的，但是因此而不去尝试也是不可能的。回顾英国诗歌曾经从乔叟（Chaucer）的《特洛伊勒斯》（*Troylus*）以至菲茨杰拉德（Fitz Gerald）的《鲁拜集》（*Rubaiyat*）这些译作中汲取了多么丰富的养料，我们就会认识到诗的翻译毕竟是不能排斥的。"）

这是为什么呢？这是因为诗人的灵感是彼此息息相通，不受国界和语言的限制的。我们读了异域诗人的名作，深受感动，引起了共鸣，往往就产生了一种诗的冲动（poetic impulse）①，要求把所感受到的用自己的语言表达

---

① "In writing poetry, mere wishes wouldn't do, there ought to be an impulse —— the poetic impulse" —— Bums. （"要写诗，仅仅有愿望是不行的，必须要有一种冲动——诗的冲动。"——彭斯）

出来，这就产生了译诗的动机。所以，译诗，同写诗一样，是一种创造性的活动，它本身就是一种艺术享受。但是，如何才能把诗译好？如何才能把原诗的意境、风格、韵味，如实地再现出来？这个问题，却始终没有能够得到正确的解答。其关键似乎主要在于韵律问题上。究竟译诗要不要有韵律？应当用哪一种韵律？古今的译诗家对此都有不同的看法，因此采取了不同的方法。有的人认为译诗主要在于传达原诗的意境、神味，韵律是无关宏旨的，因此抛弃了韵律，采取自由体或散文诗的形式。有的认为译诗必须保持原诗的风貌，因此严格依照西诗的声律，采取音步抑扬体，押同样的韵脚，亦步亦趋。也有的人认为译诗必须求其典雅，因此采取五七言古体诗的格律，译得古色古香。也有的人采取新体诗的格式，随意创造新的韵律。究竟哪一种方法最符合于译诗的要求，使读者尽可能得到接近于原诗的感受？至今未能得到一致的、正确的认识。郭老在这本最后的遗作《英诗译稿》里面，给我们提供了不少优秀的篇章，指引了一条比较可取的途径。

郭老是我国近代杰出的诗人，驰骋诗坛五十余年，经历了一条不平凡的道路，从青年时期奔放的自由体转到格律谨严的五七言以至各种词曲，他无一不擅，运用自如。同时他又深通外国文学，对于异域诗人的精神、风格，也有深切的领会。所以，郭老翻译外国诗歌，具有特殊优越的条件。在"文革"期间，文化事业正处于极度凋蔽萧疏的时候，郭老在非常困难的条件下，寂处斗室，默默地译出了这些异域的名诗。显然，他是倾注了他全部的心力，句斟字酌，反复推敲，忠实地表达了原诗的意境、风格、神味，又保持了诗歌的韵律之美；正如编者在后记中所说："所译是诗，译文同样是诗，有时诗意甚至更浓。"这种译法，似乎更符合于译诗的要求，值得我们很好地研究、学习。

我体会郭老译诗的主要特征，在于他完全摆脱了原诗词句行列的束缚，大胆进行再创造，尽力表达出原诗的意境和神韵来。这是译诗成败的关键所在。在韵律方面，郭老是主张译诗要有节奏、押韵脚的。但是他决不硬套西诗的格律，不采取音步抑扬体和同样的韵脚。因为英语与汉语有不同的语言特征；英语是"重音语言"（stress language），汉语是书"声调语言"（tone lauguage）。中国诗硬套西诗的格律，削足适履，不可能达到音调和谐的效果。毛泽东同志主张新诗向旧诗和民歌学习，而不主张摹仿西洋诗的格调，其原因恐怕亦在于此①。所以郭老译诗更多地采用民族诗歌的体裁，人民所喜见乐闻的形式。但是他又不拘一格，无论哪一种体裁，无论是拍体诗，新体诗，词令，散曲，以至山歌童谣，他都兼容并收，根据原诗的内容、风格与韵律采取适当的体裁。这是他译诗取得成功的又一要点。因为诗歌比起其他文学作品来，更加是内容与形式的高度统一体。形式不适当，内容必然要受影响。所以决不能以同一体裁适用于各种不同的诗篇。必须根据诗篇不同的内容与风格，采取不同的体裁，才能适当地传达出原诗的神韵来。

例如，他译马修·阿诺德（Matthew Arnold）的"多浮海岸"（Dover Beach）一诗：

> The sea is calm to-night.
> The tide is full, the moon lies fair
> Upon the straits;——on the French coast the light
> Gleams and is gone;the cliffs of England stand,
> Glimmering and vast, out in the tranquil bay.
> Come to the window, sweet is the nightair!
> Only, from the long line of spray
> Where the sea meets the moon——blanch'd land,
> Listen! you hear the grating roar

---

① 吕叔湘先生在《中诗英译比录》的序言中说："不同之语言有不同之音律，欧洲语言同出一系，尚且各有其独特之诗体，以英语与汉语相去之远，其诗体自不能苟且相同"。语甚精辟，亦可参证。

Of pebbles which the waves draw back, and fling,
At their return, up the highland strand,
Begin, and cease, and then again begin
With tremulous cadence slow, and bring
The eternal note of sadness in

今夕海波平，潮满月如镜，
海峡之上空，流光照遥境。
彼岸法兰西，灯光时明灭，
英伦森峭壁，闪烁而屺嵝。
请来窗边坐，夜气何清和！
只见月光下，遥岸滚银波，
请听细石音，随潮去复来，
打上高岸头，方退又再回。
万古恒如斯，音调徐而悲。

这首诗原诗的格调基本上是四音步和五音步交错的抑扬格，音节甚美，但用之于汉语则不甚谐适。所以郭老采取我们习见的五言诗体，将两句并为一行，与五音步有相近之处，而又符合于汉诗的韵律，所以音调自然和谐。诗中写月夜海峡两岸，景色如画，意境清绝，潮音低徊，更添遐思。译文既传达了原诗的意境、情趣，又具有汉诗的韵律之美，读起来韵致悠然，令人神往。这种译法确实既是"翻译"而又是"诗"，可以称得起"译诗"二字。

又如译托马斯·胡德（Tomas Hood）的"今昔吟"（Past and Present）一首：

I remember, I remember

```
The house where I was born,
The little window where the sun
Came peeping in at morn;
He never came a wink too soon
Nor brought too long a day;
But, now, I often wish the night
Had borne my breath away.
```

我还记省,我还记省,
我所诞生的门庭,
墙上有小小的窗,
朝阳从那儿窥进,
不觉得它是匆匆一瞬,
也不觉日子长得闷人;
然而如今我常常怨恨,
长夜不使我一眠不醒。

这首译诗采用新体诗的格式,其旋律与原诗非常相近,读起来悠扬宛转,动人心弦,和原诗低徊往事,无限惆怅的情调也很谐合,所以更好地传达了原诗的神韵。显然,这首诗如果采取严谨的五七言体,是达不到这样的艺术效果的。

又如,译威廉·布莱克(William Blake)的"春"(Spring)一首:

```
Little boy,
Full of joy;
Little girl,
Sweet and small;
```

Cock does crow,

So do you;

Merry voice,

Infant noise,

Merrily, merrily, to welcome in the year.

小童们，

真高兴，

小娘们，

娇而嫩；

鸡在唱，

人在吟，

婴儿笑声，

沁人声，

多喜幸，多喜幸，迎接新春。

　　这首译诗采用儿歌的形式，音韵浏亮，旋律生动活泼，读起来使人感到轻快欢悦，仿佛恢复了青春的活力多其音律之美，实已胜于原作。如果不采用儿歌而采用其他的形式，我相信，不可能达到这样的艺术效果的。

　　因为郭老对于诗的艺术有高度修养，深通音律，对于各种体裁均能运用自如，所以他能够根据原诗的内容、风格，运用最适当的体裁格式，尽可能把原诗的意境、神韵再现出来。这就把译诗艺提到更完美的水平。

　　我也体会到，译诗的工拙，有时并不完全决定于诗才和工力的深浅，诗人的禀赋和气质也有很大的影响。例如，雪莱（P. S. Shelley）的"偶成"（A song）一首，试比较郭老与苏曼殊两家的译文：

A widow bird sate mourning for her love

Upon a wintry bough;

The frozen wind crept on above

The freezing stream below.

There was no leaf upon the forest bare,

No flower upon the ground,

And little motion in the air

Except the mill-wheel's sound.

(1) 孤鸟栖寒枝,

　　悲鸣为其曹;

河水初结冰,

　　冷风何萧萧。

荒林无宿叶,

　　瘠土无卉苗,

万籁俱寥寂,

　　帷闻喧桔槔。　　　　　　　　　　（苏曼殊 译）

(2) 有鸟批离枯树颠,

　　哭丧其雄剧可怜,

土有冰天风入冻,

　　下有积雪之河川。

森林无叶徒权枒,

　　地上更无一朵花;

空中群动皆息灭,

　　只闻呜邑有水车。　　　　　　　　（郭沫若 译）

苏译清新隽永,音节自然,寥寥数语,把原作荒寒的意境和悲凉的心情充分体现出来。郭译则词句多所增饰（amplification）刻意求工,反而有损于原诗自然的韵致和悲凉的情调。这并不由于郭、苏两氏诗才的高低，主要是由于诗人气质之不同，郭老热情奔放，意气激昂，他很难体会到这种悲凉孤寂的心情。而曼殊其人则身世畸零，飘蓬异域，满怀着凄凉哀愁的心情，读了雪莱的诗篇，深深引起同感，发为吟咏，自然就真切地把这种情味表达出来。这是气质使然，未可强致的。从这里，我更体会到译诗也是一种创造性的活动，跟写诗一样，是诗人人格的具体表现，他的禀赋和气质，不能不起着很大的作用。

读了郭老的《译稿》，使我更认识到译诗之难工。要译好一首诗，译者不仅要对原诗的意境、神韵有深刻的领会，而且要对诗艺有精湛的修养，各体均擅，才能运用适当的体裁格律，把原诗的意境、神韵再现出来。一般的外国文学研究者或者翻译工作者恐怕未必都能具备这样的条件的。因此，我觉得郭老所提出"两道手"的译法——"先由懂外文的人直译，再由诗人进行诗化"——是值得我们考虑的。征之林纾以"两道手"的方法译小说，也有一些优秀的作品，具有很高的文学价值，可见这种方法并不是行不通的。以精通外语的学者和才思隽逸的诗人，互相配合，发挥各自的专长，可能会使译诗焕发出新的光彩来。也许我们可以期望看到更多一些真正具有诗情和诗味的译诗，而不是那种音调不谐，分列成行的散文，我国诗坛也许会出现象菲茨杰拉德的《鲁拜集》那样传诵千古的名诗。这对于提高译诗水平，繁荣诗国园地，将具有深远的意义。

(原载《外国语》1985 年 02 期)

英汉翻译中"意合"句法的运用

——消除"翻译腔"的一个重要手段

初学英汉翻译的人,在译文中往往会出现一些英语化的词句,生硬牵强,冗长累赘,读起来佶屈聱牙,意思也晦涩不明,对于这样的译文通常称之为"翻译腔"(translatorese),读者必须硬着头皮去看,有时还看不懂。从翻译的功能来看,这样的译文显然起不到"交流思想"的作用。为什么会产生翻译腔呢?其主要原因之一就是由于译者不理解英汉语言在句法上存在的重大区别,硬把英语的句法塞到汉语中去,以致形成这种不伦不类的词句,给读者带来极大的困难。所以,要消除"翻译腔",首先必须充分认识英汉语言在句法上的差别。

英汉语言在句法上的差别之点原是很多的,但究竟什么是两者之间最本质的差别呢?对于这个问题,语言学家们各有不同的认识。最近,美国著名的翻译学家奈达(Eugene A. Nida)在他的新著(1953年)《译意》(Translating Meaning)一书中,有一段话说得很确切。这段话译成中文如下:

"就汉语和英语而言,也许在语言学上最重要的一个区别就是形合和意合的对比,在英语以及大多数的印欧语言中,句子的从属关系大多是用连接词如 if, although, because, when, in order that, so 及 so that 等词明确地表示出来的。但是,这同一概念,我们用意合的方法基本上也同样可以表达出来,那就是说,将两个句子放在一起并没有连接词表明其相互关系,而从句子本身的意思中体现出来。例如，我们说 because it is late, I must leave, 在这里两个句子的逻辑关系是用连接词 because 表示出来的。但是我们也可以说 It is late, I must leave, 在这里，虽然没有明确的词汇表明相互的关系，但是这种关系显然是存在的。"

在这里，奈达明确指出英汉语言在句法上最重要的一个差别就是形合与意合的对比（contrast between, hypotaxis and parataxis）。可谓一语破的，切中紧要。

英语重形合。在句子的构成部分（词组、分句）之间大多有确切的连接词（connectives）表示相互的逻辑关系，结构比较严谨。所以在英语中可以把很多句子结合起来成为结构复杂而严密的多层复合句。汉语则重意合，在句子的各个成分之间，往往没有连接词，而以意思相结合。例如：

1. 你来了，我马上就走。(I'll shall go *as soon as* you come here.)

想吃什么，只管告诉我。(*Whatever* you like to eat, just tell me.)

他不老实，我不能信任他。(I can't trust him, *because* he is not honest.)

2. 跑了和尚，跑不了庙。(The monks may run away, *but* the temple cannot run away with them.)

不入虎穴，焉得虎子。(*If* you fail to enter the tiger's den, how can you get the tiger cub?)

一个英国人，不会说中国话，有一次在中国旅行。(An Englishman *who* could not speak Chinese was once travelling in China.)

3. 那太阳，整天躲在云层里，现在又光芒四射了。(The sun, *which* had hidden all day, now came out in full splendor.)

这种类型的句子在汉语中是很多很多的。因为汉语重意合，结构比较松弛，所以不可能把许多句子结合起来成为结构复杂的多层复合句，而更多的是以意思联接的积累式分句（accumulative clause）或分立的单句（independent sentence），而以句序的、先后表示其相互的逻辑关系。

由于英汉语言的句法不同，有的翻译家把英语的句法比之于竹子枝节的衔接，称之为竹节句法，而把汉语句法称之为流水句法。这就非常形象化地说明了英汉句法结构的主要特征。

早在80年前，大翻译家严复在他的《天演论·译例言》中谈到英汉句法结构的主要差别时说："西文句中名物字，多随举随释，如中文之旁支，后乃遥接前文，足意成句。故西文句法，少者二三字，多者数十百言。假令仿此为译，则恐必不可通。……此在译者将全文神理，融会于心，则下笔抒词，自善互备。"

当代著名语言学家王力在他的《中国语法论》中，谈到英汉句法的差别时，也说过："西洋语法是硬的，没有弹性，中国语法是软的，富于弹性。……惟其是软的，所以中国语法以达意为主，如，初系的目的格可兼次系的主格，又如相关的两件事可以硬凑在一起，不用任何连接词。""所以英国人写文章往往化零为整，而中国人则往往化整为零。"

他们二位虽然没有明确提出形合和意合之别，但实际上指的就是英汉句法结构上的这一重要区别，而要求翻译者作适当的处理。

惟其如此，所以我们进行英汉翻译时，决不能拘泥于原文的形合句法，生搬硬套，必须适当地运用意合句法以代替形合。首先，必须将原文神理融会于心，然后按汉语表达方式进行必要的改组（reconstructing），有时，需要按照逻辑程序或时间顺序将句序重行安排，方能符合汉语表达习惯，以流水句法代替竹节句法。这样，才能使译文流转自如，明白晓畅，消除翻译腔的痕迹，而达到纯粹汉语化的效果。下面试举文学、科技、政论等各方面的例句若干，分别以形合句法和意合句法进行翻译，相互比较，以资参考：

例1：You compare Nora with your English women who wolf down from three to five meat meals a day; and naturally you find her a sylph.

（形合）你把娜拉和你们英国每天狼吞虎咽吃三至五餐肉食的妇女相比，那么你自然觉得她是个窈窕仙女了。

（意合）你们英国妇女每天狼吞虎咽吃上三、五餐肉食，你把娜拉和她们相比，自然觉得她是个窈窕仙女了。

例2：The draft resolution, carefully written in moderate terms, which, despite its flaws, we shall support, is primarily an appeal.

（形合）这个用温和的词句审慎草拟的、虽然有些缺点、而我们仍然要支持的决议草案，基本上是一项呼吁。

（意合）这个措词温和、审慎草拟的决议草案基本上是一项呼吁，尽管它有些缺点，我们仍然要支持。

例3：His business connections with the impecunious great both in France and in England had secured the foothold he had obtained on his arrival in Europe as a youg man with letters of introduction to persons of consequences.

（形合）他和英国法国那些中落的次家族的商业关系，巩固了他初到欧洲时，作为一个凭着介绍信去见名流的年轻人所取得的社会地位。

（意合）他初到欧洲时，还是个凭着介绍信去见名流的年轻人，后来和英国法国那些中落的大户人家发生商业关系，这才巩固了他原先取得的社会地位。

例4：The hope of "early discovery" of lung cancer followed by surgical cure, which currently seems to be the most effective form of therapy, is often thwarted by diverse biologic behavior in the rate and direction of growth of the cancer.

（形合）随着肺癌的早期发现继之目前最有效的外科治疗的希望常因癌生长速度和方向等生物学特征的不同而毁灭。

（意合）人们希望"早期发现"肺癌，随之进行外科治疗，这可能是目前疗效最好的办法。然而，由于肺癌生长速度和方向等生物学特征的不同，早期发现的希望往往落空。

例5：Torcello which used to a cloud, has recently become an outing form Venice. Many more visitors than it can comfortably hold pour into it, off the regular steamers, off chartered motorboats, and off yachts, all day they amble up the tow path, looking for what?

（形合）过去像一片云那样孤独的托车罗最近却成了从威尼斯出来游玩的地方。比它能够适当地容纳的人数多得多的游客涌进那里，搭定期汽船来的，包租摩托艇来的，驾游艇来的，他们整天缓步走上那条纤路，找什么呢？

（意合）托车罗往日寂寞如孤云，近来却成了威尼斯外围的游览点，来客太多了，这个小地方就拥挤不堪。搭班船的，坐包船的，驾游艇的，一批批涌到，从早到晚，通过那条纤路，漫步进村观光，想看什么呢？

例6：It had been a fine, golden autumn, a lovely farewell to those who would lose their youth, and some of their lives, before the leaves turned again in a peacetime fall.

（形合）那是个天气晴朗，金黄可爱的秋天，对于那些在和平时期的秋天树叶再度转黄之前将要失去青春，有的要失去生命的人们是一个动人的送别。

（意合）那是个天朗气清，金黄可爱的秋天，动人的秋色为那些青年们送别。待到战后和平时期、黄叶纷飞的秋天再度来临时，当日的青年已经失去了青春，有的失去了生命。

例7：What, then, is the position in the international law of those states who propose to use nuclear weapons in this way and who moreover insist on manufacturing such weapons in the absence of any threat of the use of such weapons which could even justify the preparation for such use by way of reprisal?

（形合）凡是主张这样使用原子武器，而且在没有受到任何原子武器的威胁，可以作为理由去准备这种武器以为报复之用的情况下仍然坚持要制造这种武器的国家，在国际法上究竟处于什么地位呢？

（意合）有些国家主张这样使用原子武器，它们并未受到原子武器的威胁，没有理由准备这种武器以为报复之用，却仍坚持要制造这种武器。凡是具有这样主张的国家，在国际法上究竟处于什么地位呢？

从以上的例句不难看出，采用形合与意合两种译法所产生的效果是迥然不同的。前者词句生硬，冗长累赘，头绪不清，意义晦涩，有的句子根本无法看懂，后者词句通顺，简洁明了，层次分明，意义醒豁，一看就能懂得。究竟哪一种译法更符合翻译的要求，更能发挥翻译"交流思想"的功能，我想那是不言而喻的。因此，有的同志认为从形合句法到意合句法的转变是英汉翻译过程中的一个飞跃。这种说法似乎也有一定的道理。但是，这样一个关键性的问题，在我国翻译界似乎还没有得到应有的重视，所以特别提出来以供研究。

（原载《中国翻译》1985 年 07 期）

译诗要像中国诗？像西洋诗？

——与楚至大同志商榷

读楚至大同志《译诗须像原诗》一文（见本刊 1986 年第 2 期），对拙作《译诗像诗》（见本刊 1985 年第 2 期）提出了针锋相对的意见，指出我的错误认识，使我得到不少启发，深为感激。

楚文指出郭老译诗中用词不贴切、风格不相符的地方，我想都是正确的，我完全同意。本来译诗要做到字字句句贴切是很不容易的。关于译诗标准，我同意翁显良同志的意见："要求译诗与原作绝对等值，艺术效果绝对相同，那是永远做不到的。"①"将外国诗译成中国诗，由于语言不同，文化传统不同，只能力求神似，不能强求形神皆似。"② 这和西方著名译作家奈达（Eugene A. Nida）所提出 "closest natural equivalence"（最近似而自然的译文）的标准，似乎也是一致的。所以，任何译诗，如果一字一句仔细推敲起来，恐怕总可以找出一些不太贴切的地方来。因为两种语言的结构与声律相去如此之远，如果真正做到字字句句贴切，恐怕就不成其为诗了。所以，我决不认为郭老译诗尽善尽美，无瑕可指。词句不贴切的地方是有的，风格不一致的地方也是有的。在我拙文中也指出郭老译雪莱的"偶成"（A Song）一首，译得不好，说"郭译词句多所增饰……有损于原诗自然的韵致和悲凉的情调"，就是说它与原诗不相符，不如苏曼殊译得好。当然，

---

① 见《翻译通讯》1981 年 6 期，《译诗管见》文。
② 见《翻译通讯》1982 年 6 期，《意象与声律》文。

楚同志认为苏曼殊译得也并不好，这可能是有道理的。但是，要怎样译才算好？才符合楚同志的标准？我至今尚未见到，自己也译不出来；只好存而不议了。

所以，我写《译诗像诗》一文，决不是吹捧郭老译诗尽善尽美；我主要是说，郭老译诗的方法，给我们"指引了一条比较可取的途径"。也就是说，郭老译诗采取"民族诗歌的体裁"，"旧体诗，新体诗，词令，散曲以至山歌童谣都兼容并收"，而不是采取英诗的格式，"音步抑扬格，并押同样的韵脚"；这不失为一条可取的途径。所以我所说的"译诗像诗"，实含有"译诗像中国诗"的意思，而楚文所说"译诗须像原诗"，似乎含有"译诗像英国诗"的意思。这是我们主要的分歧之处。

究竟译诗要像中国诗好？还是像西洋诗好？这个问题看起来似乎很简单：译诗么，是译给中国人看的，自然要像中国诗，才能为读者所欣赏。如果译成洋里洋气的洋诗，读者欣赏不了，那有什么作用呢？正如译文一样，如果译得不像中文，而是洋里洋气的"翻译腔"（translatorese），中国读者看不懂，岂不如严复所说，"译犹不译也。"

但是，问题并不如此简单。如果从另一个角度看，也可能得出完全不同的结论来。如像楚文中所说，译诗的标准应该是"神形兼备，即既要神似也要形似"，"离开了形似的神似是不可能的"。怎样才算"形似"呢？就是译诗要像原诗英国诗的形式，摹仿英国诗的格律。也就是楚文中所说杨德豫同志的译法："采用以顿代步的方法，全书百分之九十六以上的诗行，顿数与原诗步数完全一致，而且按原诗用韵。"这样就可算得形似了。确实，现在国内有一些译诗家是采取这种译法的，有相当的影响。

但是，也有一些同志不赞成这种译法，主张用中国诗歌的格式。如丰华瞻同志（见《翻译通讯》1981年3期），如翁显良同志（见《翻译通讯》1982年6期），如黄药眠同志（见《翻译通讯》1985年2期）。我个人是倾向于后一派的，其理由已如上述：译诗是译给中国人看的，自然要像中国诗才能为读者所欣赏。同时，在中国诗中要运用英国诗的格律事实上也很困难。我在前文中已指出：

"因为英语与汉语有不同的语言特征，英语是重音语言（stress language），汉语是声调语言（tone language），中国诗硬套西诗的格律，削足适履，不可能达到音调和谐的效果。"我又引用了吕叔湘先生的话：

"不同之语言有不同之音律，欧洲语言同出一系，尚且各有其独特之诗体，以英语与汉语相去之远，其诗体自不能苟且相同。"

为了把问题说得更具体明晰一些，我想援引一个实例——那就是楚文中所谈到的葛雷（Thomas Gray）的"墓园挽歌"（Elegy written in a country Churchyard）的译文。这首诗是葛雷的传诵古今的名诗，其序章尤为著名，原文如下：

> The curfew tolls the knell of parting day,
> The lowing herd wind slowly o'er the lea,
> The plowman homeward plods his weary way,
> And leaves the world to darkness and to me.

这一节写晚钟徐动，暮色渐暝，诗人独对黄昏，苍茫百感，渲染出全诗的哀婉悲凉的气氛，音节亦低回婉转，情韵交融，读之悠然神往。所以，郁达夫先生曾说过，仅此四行，已足使葛雷不朽了。

译这样的名诗，要传达出原诗的神韵来，是很不容易的。楚文说，郭老此诗译得好，是一篇"佳作"。但是郭老译此诗，完全是用中国诗的格式，不是英国诗的格式，并不是"神形兼似"的。相反地，也有译诗家采用英国诗的格式的，不知楚同志认为比郭老译得如何？试比较下面三家的译文，译者都是现代著名的诗歌翻译家。

译（1）：暮钟鸣，昼已曛，
　　　　牛羊相呼，迂回草径，
　　　　农人荷锄归，蹒跚而行，
　　　　把全盘的世界剩给我与黄昏。

译（2）：晚钟响起来一阵阵给白昼报丧，
　　　　牛群在草原上迂回，吼声起落，
　　　　耕地人累了，回家走，脚步踉跄，
　　　　把整个世界给了黄昏与我。

译（3）：晚钟殷殷响，夕阳已西沉，
　　　　群牛呼叫归，迂回走草径，
　　　　农人荷锄犁，倦倦回家门，
　　　　唯我立旷野，独自对黄昏。

以上三家译文，很明显，译（1）与译（3）是采取中国诗的格式。而译（2）是采取英诗的格式，"以顿代步"，原诗每行 5 音步，译诗每行 5 顿，看起来译诗与原诗韵律似乎十分相似，实际上大异其趣。试比较分析如下：

原诗　音步（meter）
　　The cur | few tolls | the knell | of par | ting day |,
　　The low | ing herd | wind slow | ly o'er | the lea |,
　　The plow | man home | ward plods | his wea | ry way |,
　　And leaves | the world | to dark | ness and | to me |.

译（2）　顿（pause）
　　晚钟 | 响起来 | 一阵阵 | 给白昼 | 报丧, |
　　牛群 | 在草原上 | 迂回, | 吼声 | 起落。|
　　耕地人 | 累了, | 回家走, | 脚步 | 踉跄, |

把整个│世界│给了│黄昏│与我。│

原诗的音步（meter）以音节（syllable）分而不以词意分（每步二音节，一抑一扬），所以节拍均匀，抑扬有致，读之自然谐适。尤其是第一句，重读处用四个长音 cur-, to-, par-, day, 读之更觉韵致悠然，似闻晚钟徐动，所以传为千古名句。

译（2）的顿（pause）以词意分而不以音节分，所以音节参差不一，节拍不匀，亦无抑扬之致，与原诗大异其趣，读之佶屈聱牙。"节拍均匀"（equal time-intervals）和"抑扬有致"（stressed and unstressed syllables）是英诗音律（rhythm）的两个基本因素①。失去了这两个因素，就不成其为音律。高谈运用英律入汉诗，而于英律的基本原则，却弃置不顾，则有何音律之可言？所以这种译法，既不像中国诗，也不像英国诗。只能称之为"译诗不像诗"吧！

至于这三家译诗，究竟哪一家比较有诗味，而近似原诗的神韵呢？见仁见智，各有不同的看法。就我个人而言，比较倾向于译（3），因为它音节比较自然，也近似原诗的意境。但是译者采取五言诗格式，音节比较短促，似乎还不能传达出原诗悠然的神致来。我设想，如果采用七言或其他句法，是否可以更近似一些呢？不揣愚昧，妄拟试译如次：

---

① 请参阅：(1) R. M. Alden's "*An Introduction to Poetry*" (p.160)：
"The two elements of rhythm：
1. the equal time-intervals
2. the stresses which mark them.
A succession of sounds alternating between stress and no stress or between strong and weak stress, but not at regular intervals, does not impress the ear as rhythmical; and a succession of sounds occurring at equal time-intervals, but all of the same stress, does not seem rhythmical. Therefore whenever *rhythm is present, these two elements must occur.*"
(2) *Webster's Dictionary*：
Rhythm：In prosody, basically regular recurrence of grouped, stressed and unstressed, long and short, or high-pitched and low-pitched syllables in alteration.

> 晚钟鸣，夕阳冉冉渐西沉，
> 牛羊归，相呼迂绕过草径，
> 农夫耕耘罢，倦倦回家门，
> 大地群动息，苍茫独立对黄昏。

译得不成样子，东施效颦，不免贻笑方家，只是表示我的一种意愿而已。希望有诗才的同志们，再加以推敲斧削，或者逐渐可以达到"closest natural equivalence"的境界吧！

根据以上的比较分析，所以，我觉得译诗还是采用中国诗格式为好，因为它更容易为中国读者所接受，而引起心灵的共鸣；如果勉强摹仿西诗的格律，恐怕音律不谐，不中不西，反而失去了诗味，而不能产生应有的感染力。

也有的同志主张译诗采用自由体，可以摆脱格律的束缚，更好地传达出原诗的意境、神韵来。这当然也是可以的，也可能译出好诗来。但是，这样译法，仍然是中国诗，而不是西洋诗，也没有必要去煞费苦心地寻求什么"以顿代步"了。那种译法，实在是枉抛心力，劳而无功的。

楚同志对于杨德豫同志所译"The Solitary Reaper"一诗，极为推崇。这是Words-worth最著名的诗篇之一。我国翻译家译过这首诗的，不知凡几。就我所知，除郭、杨两家以外，就还有顾子欣同志（《诗刊》1980年2月）、梁守涛同志（见《英诗格律浅说》）、郑诗鼎同志（《翻译通讯》1980年6期）、郁达夫先生（见《沉沦》小说中）、成仿吾先生（《翻译通讯》1984年8期）等。所有各家译诗，只有杨译是采取英国诗格式，其余都不是。至于谁优谁劣，我比较了各家译文，觉得各有短长，有些句子这一家译得好一些，有些句子那一家好一些，很难作出一般的定评来。如果要说，因为杨译"以顿代步……每行顿数与步数一致，而且都按原诗用韵"，所以是最标准，或最优秀的译文，那我是不敢苟同的。

在这里，顺便提一提，成仿吾先生译此诗是采取"构成的翻译法"，要求：

保存原诗的内容的构造与音韵的关系。……译者须把原诗一字一字在内容上的关系与在音韵上的关系拿稳,然后在第二的一国语言中求出有那样的内容的字,使它们也保存那种音韵上的关系①

似乎成仿吾先生也是追求"神形兼似"的标准的。但是成译的"形似"形式却与杨译大相悬殊。试比较如下:

> Behold her, single in the field,
> You solitary Highland Lass!
> Reaping and singing by herself;
> Stop here, or gently pass!
> Alone she cuts and binds the grain,
> And sings a melancholy strain;
> O Listen! for the vale profound
> Is over flowing with the sound.
>
> No nightingale did ever chaunt
> More welcome notes to weary bands
> Of travellers in some shady haunts,
> Among Arabian sands:
> No sweeter voice was ever heard
> In spring-time from the cuckoo bird,
> Breaking the silence of the seas
> Among the farthest Hebrides.

---

① 见《翻译通讯》1984年第8期,第5页。

译（1）：

你瞧那孤独的山地少女，
　　一个人在田里割着、唱着，
别惊动她呵，快停下脚步，
　　要不就轻轻走过！
她独自收割，独自捆好，
唱的是一支幽怨的曲调，
你听，这一片清越的音波
已把那深深的山谷淹没。

夜莺哪有这样美的歌吟
　　来安慰那些困乏的旅客——
当他们找到了栖宿的树阴，
　　在那阿拉伯大漠？
杜鹃的歌喉怎及她婉啭——
当它们在春日纵情啼啭，
在千里迢迢的赫布里底，
啼声划破了海上的岑寂？

　　　　　　　　　——杨德豫 译

译（2）：

看她，独在田陇里，
那孤独的高原的女孩儿！
看她，刈着还歌着，一人独自，
为她止步，或轻一点儿！

译诗要像中国诗？像西洋诗？ | 107

她一人刈着，还把来捆了，
又歌起她的哀调，
听啊！这幽谷深深
全充满了歌唱的清音。

绝无夜莺曾歌唱
更悦耳的清音
于倦了的旅人之队
在阿拉伯沙漠的幽阴：
如此动人的声涛
不曾闻自好春的鹃号，
那啼破海湾之沉寂
于远方之希布利诸岛。

——成仿吾 译

两者均要求"形似"，而形式大不一样。究竟哪一种是真正的"形式"？恕我判别不出来。

楚同志对于许渊冲先生极为钦佩，推崇他的"三美"（意美，音美，形美）之说。但是许说的"形美"是否等于楚说的"形似"呢？我看是很成问题的。试看许译的《唐诗一百五十首》大多采用英诗的音步抑扬格（tetrameter or pentameter iambic），而没有一首采用汉诗的"仄仄平平"（或"抑抑扬扬"）的格式的。这难道是楚文所说的形似吗？我体会渊冲先生译诗，汉译英，是以英诗格式译汉诗，反过来说，英译汉，也就是以汉诗格式译英诗了。这与我的意见似乎不谋而合了。顺便提一提，渊冲先生对拙译Wordsworth的《水仙辞》（Daffodils）[①] 颇为赞许，说是"发挥了译文语言的

[①] 见《翻译通讯》1980年5期《诗的翻译》文。

优势"。看来他似乎也是倾向于以汉诗格式译英诗的,并不赞成楚文所说的"形似"。

"形似"和"神似"的问题,也就是"形式"和"内容"的问题,是中外翻译界千百年来争论不休而未能很好解决的问题。近来,西方著名翻译学家奈达在他的"The Theory and Practice or Translation"中有二段话,似可供我们参考:

The old focus on translating was the form of the message, and translators took particular delight in being able to reproduce stylistic specialities, e. g. rhythms, rhymes, plays on words, chiasmus, parallelism, and unusual grammatical structures. The new focus, however, has shifted from the form of the message to the response of the receptor.

过去翻译的重点在于信息的形式,翻译家特别感兴趣的是如何再现原文的文体特征,如音律、韵脚、双关语、交错配列、对句以及特殊文法结构。但是,现在的重点已从信息的形式转向读者的反应。

If all languages differ in form (and this is the essence of their being different), then quite naturally the forms must be altered if one is to preserve the content.

如果说一切语言在形式上都是不同的(而语言之所以不同主要在于形式),那么,为了要保持(信息的)内容,自然就必须改变其形式。

法国著名作家纪德也说过这样一段话:

最初我要求自己作品的译者从属于我的文体,并认为越近似法语,原文越是上品。不久我发现了自己的谬误。现在,我对自己作品的译者,不要求受我的语言和句式的束缚,相反,我希望他们灵活地翻译我的作品。

　　我国钱钟书先生在他的《管锥编》中论"五失本"议（原书第1263页），也说过这样一段话："'五失本'之一曰：'梵语尽倒，而使从秦'……故知'本'有非'失'不可者，此'本'不'失'，便不成翻译。"根据他们的意见，似乎要达到翻译的神似，就必须摆脱形似的束缚。要求神形俱似，是不大可能的。"象物求形似，见与儿童邻。"愿持形似论的同志们三思。

（原载《外国语》1985年02期）

介绍金隄、奈达合著《论翻译》

金隄教授和奈达博士（Dr. Eugene A. Nida）合著的《论翻译》（On Translation）一书最近出版了。这是一本根据科学原理、比较全面和系统地研究翻译理论的著作，在国内尚属仅见，书中提出了不少独到的、精辟的论点，使人耳目一新，对于今后我国翻译工作的推进，一定会起很大的作用。在某种意义上说，这本书可以说是奈达博士的翻译理论和中国的翻译实践的结合。奈达博士运用语言学、现代信息理论和符号学的观点，对翻译理论作了比较科学的探讨，提出了很多精辟的论点，对西方翻译界起了很大的影响。但是他的理论对于中国翻译界是否适用，尚有待于探讨。通过《论翻译》的学习，使我认识到奈达的理论对于我国的英汉翻译工作大体上也可以适用，而且，在我国翻译界长期有争议而未能解决的一些问题，如：翻译的理论与实践的关系问题，翻译标准问题，直译和意译的问题，风格的可译性问题，等等，似乎也可以据之得到比较合理的解答，但是从中也产生了一些新的问题，有待于进一步地探讨。

一、翻译理论和实践的关系问题

目前我国翻译界对于翻译理论的重视似乎还是很不够的。有不少翻译工作者，特别是一些已有相当经验出版过一些译作的同志，往往对于理论不感兴趣，因为他们过去从事翻译工作并没有学过什么理论，自己摸索了一些经验,并取得了一定的成绩,所以总觉得理论是纸上空谈,没有什么实际的作用。前两年中国英语教学研究会召集在京各院校的翻译教学工作者,座谈翻译教学问题。会上有些同志就公开主张,教翻译只**要实践就行,不必教理论**。所以产生这种想法,主要恐怕是由于对理论和实践的关系没有足够的认识。《论翻译》中明确指出,理论来源于实践,又转而指导实践。又说:"实际上每个人的翻译实践,都有他的指导原则。"(p.7)"每个人都有一套翻译理论指出翻译应该做些什么,怎样做和为什么。这种理论可能是公开的或者是不公开的,可能是明确制定的或者是不明确的,事实上每个人都有他的理论,指导他怎样做翻译工作,不过这种理论很多是**不够格的**(inadequate)。""好的翻译必然体现行之有效的理论。""不合格的翻译总是反映着错误的理论。"(p.11)这些提法,我想是符合客观现实的,今天我国翻译界仍然存在着一些混乱的现象,在翻译的质量上有很大的差距。虽然有不少优秀的译作,但也有一些译文是佶屈聱牙,难于阅读的,或者任意篡改,背离原旨。所以产生这种混乱的现象,主要就是由于缺乏一致的、正确的理论指导,而很多翻译者的指导理论是不很正确,或者很不正确的。即使在著名的翻译家之间,在翻译格调上也有很大的差别,例如,鲁迅的译作与傅雷或者杨必的译作相比,在可读性(readability)方面显然有很大的距离,你能说他们的指导理论是一致的吗?究竟哪一种代表正确的方向呢?翻译工作者应该何所取法呢?这是一个理论问题,也是实践问题。所以没有正确的、一致的理论指导,就不可能推动我国的翻译工作迅速向前发展。加强理论研究,建设我国完善的翻译理论体系,实在是当务之急。而奈达的许多精辟的论点很可以供我们借鉴,有利于我国翻译理论体系的建设。

二、翻译的标准问题

翻译理论中最重要的自然就是翻译标准问题。对于这个问题几十年来不断有争论,始终未能达到一致的认识。各家提出的翻译标准中影响较大的大致有：严复的"信、达、雅"，鲁迅的"信"和"顺"，联合国文件翻译的"准确、通顺、易懂"，傅雷的"神似"说，钱钟书的"化境"说。其中影响最大的当然要推严复的"信、达、雅"。八十多年来一直为人引用，虽然不断受到挑战，但至今仍有人主张"还是'信'、'达'、'雅'、'好'，但是这三个字中，"信"、"达"两字的涵义是明确的，而"雅"字的涵义则不明确，各人有不同的理解。实际上，这三个字是密切结合，不可分的，而"信"字的涵义中实已包括"达、雅"在内。钱钟书先生说："译事之信，当包达，雅，达正以尽信，而雅非为饰达。依义旨而传，而能如风格以出，斯之谓信。"（见《管锥篇》1101页），非常精辟地说明了"信、达、雅"的核心就是"信"，而"神似"和"化境"实际上就是"信"的涵义的发展和深化。所以，这许多标准，虽然提法不同，其基本精神是一致的，如果用现代的术语来说，就是"把原文的信息**如实地**用译文语言传递出来"，但问题是，这些标准只提出了一个**抽象**的概念，却并没有提出**具体**的评衡的标准，因此运用时不免发生困难。事实上，任何一个翻译家主观上都要求自己的译文能达到"信""神似""化"的要求，但实际的译文达到了什么程度，那就很难说了。根据什么来评衡呢？如果通过译文与原文的对比去评衡，往往得不到正确的结论。因为，由于两国语言文字的悬殊，社会和文化背景的不同，译文与原文的对应性存在着极为错综复杂的关系；往往文字形式相似而内容迥异，或者文字形式不同而内容却是一致的。由于这种形式与内容的矛盾，所以只从文字上去对比往往得不出正确的结论，有时甚至会陷入循环论证的泥淖。所以，必须从"文字对比"的圈子里跳出来，另外寻找一个客观的、可靠的评衡标准。

所以《论翻译》中提出了"动态对应"（dynamic equivalence）的标准——不再纠缠于"文字的对比"而着眼于读者的反应，以读者的反应作为评衡译文的标准，如果译文读者对译文的反应和原文读者对原文的反应，大致相等（绝对相等是不可能的），那么就可以算是合格的翻译（adequate translation）了。这个标准实际上就是以**翻译实践的效果来检验翻译的准确**

性,这是符合于"**实践为检验真理的唯一标准**"这一科学原理的。所以,动态对应标准的提出可以说是翻译释论上的一个重大发展。

有的同志也许认为,要评比原文读者与译文读者的反应是很困难的,不容易做到的。其实不然,只要译者对原著确实有透彻的理解和深刻的领会,要评比这两方面的反应是可以做到的。《论翻译》的第9章翻译程序(translation procedure)中所提出检验译文的准确性和适应性的六种方法都是可以实行而取得一定效果的(p. 166,167)。归根到底,对于一篇译文最准确的评价无疑就是读者的反应。正如全书的结论中所说:"当然,一篇译文最后的考验就是读者对象的反应,读者是如何接受、运用和欣赏这篇译文的,如果一篇译文的内容确实证明对读者有很大的价值,而译文的表达形式又值得读者的赞赏,这对于翻译者来说就是最大的安慰了。"(p. 167)这段话说得非常中肯。确实,如果一本在西方有影响的名著,译成汉文之后同样能得到广大读者的欢迎,而读者的感受又与读原著大致相仿,这样的翻译就可以算得合格的翻译了,因为它已经起了交流思想的作用,基本上完成了翻译的任务。反之,如果译文艰涩难懂,不受读者欢迎,读者的感受与读原文也大有出入,那样的译文显然是不及格的。拿这个标准来评衡译文,也许比抽象地谈"信""传神""化境",更可能得到符合实际的评价吧。实际上,如果读译文的感受与读原著的感受大致相同,那样的译文也一定是接近于"信""神似""化"的标准的。所以,动态对应的标准与我国原来的翻译标准并没有什么矛盾,也可**说是"信""神似"等标准的具体化和科学化**。采取这样的标准,可能更有效地发挥翻译理论对实践的指导作用,更有利于我国翻译工作的提高和发展。

三、直译和意译(自由译)问题

如果运用动态对应的标准,我国翻译界长期争论的直译和意译问题,也可以得到解决了。《论翻译》中指出"直译和意译之争,关键在于侧重点不同，直译侧重保持原文面貌，意译侧重译文的优美。"而两者"均着眼于译文与原文的对比。"(p.77)。如果采用动态对应的标准，就不必再纠缠于原文与译文的对比，而着眼于读者的反应。翻译的方法可以灵活运用。采用任何方法都可以，只要能得到预期的读者反应就行。也就不存在直译和意译之争了。

四、文体（style）的可译性问题

这是我国翻译界长期争论未得解决的问题。1959年上海外文学会召开专门会议讨论文体的可译性问题，未能取得一致意见。近年来著名的翻译家对这个问题意见仍有分歧，如翁显良同志认为文体是可译的，而周煦良同志则认为不可译的。这个问题始终没有得到解决。《论翻译》的作者似倾向于文体可译的论点。第5章中强调文体对应（stylistic eguivalence）的重要性，甚至说"在高度创造性的文学作品中，文体的特性往往对于译文的是否被接受起着决定性的作用。在这一方面，文体的因素甚至比内容的忠实性更为重要。"(p.98)。但是，在另一方面，《论翻译》又强调译文的文体必须适应读者的吸收能力（channel capacity of receptor），甚至说，同一篇文章，对于不同类型的读者对象，可以采取不同形式的译文（当然也包括不同的文体）。这样，就产生了矛盾，译文的文体究竟以何者为准，原文的文体？还是，读者所能接受的文体？举一个实例来说：翻译乔史的《坎特伯雷故事》，究竟应该采取古文体？还是现代文体？翻译中国的古文，究竟应该用古典英文？还是现代英语呢？这一类的问题在《论翻译》的理论中未能得到正确的解答，似尚须作进一步的探讨。

书中还有很多精辟的论点，如，不同语言错综复杂的对应性，上下文对词意的影响，译文信息负担和读者吸收能力的关系，等等，都值得仔细的研究。

（原载《中国翻译》1987年02期）

读《奈达论翻译》

谭载喜同志编译的《奈达论翻译》是我国翻译界一本较完整的、科学化的翻译理论书籍。它全面系统地阐述了美国著名的语言学家和翻译理论家奈达（Eugene A. Nida）的翻译理论；运用语言学现代信息学和符号学的观点，对翻译理论和实践所涉及的主要问题，进行认真的分析研究，提出了许多精辟的论点，使人得到不少启发，对于我国翻译工作的推进，一定会起很大的作用。此书和金隄与奈达合著的《论翻译》（On Translation）堪称双璧。在海外翻译界也产生了很大影响。双双列为香港商务印术馆1985年最畅销书籍，洵非偶然。

全书共分八章。第一章"翻译的新概念"，奈达开宗明义，提出了他的翻译理论的核心思想：内容为主，形式为次，他明确指出：

> 语言之所以互不相同，主要是因为它们具有互不相同的形式，因此翻译中如要保存原作的内容，就必须改变表现形式。

他指出，传统翻译理论把翻译的重点放在语言的表现形式上，那是不对的，新的概念应该把翻译的重点放在原作的思想内容上，而把读者对译文的反应作为检验的标准。

第二章"翻译的性质"，提出了翻译的定义如下：

所谓翻译，是指从语义到文体在译语中用最切近而又最自然的对等语再现原语的信息。

这一条定义当系引自 Nida & Taber 的 *The Theory and Practice of Translation* 1969 年的版本。在 1974 年的版本上，已修改如下：

　　所谓翻译，是在译语中用最切近而又最自然的对等语再现原语的信息，首先是意义，其次是文体。

（Translation consists in reproducing in the receptor language。the closest natural equivalent of the source-language, first in terms of meaning and secondly in terms of style.）

在这修改的定义中就更突出了奈达的"内容为主，形式为次"的思想。

　　第三、四、五章说明如何通过语法结构分析，所指意义分析和内涵意义的分析，以达到对原作意义的正确理解。这是一切翻译工作最基本的环节。第六章"信息的传译"，说明如何把以上分析所得的意义准确地传译为译文语言。第七章"信息的重新组织"，说明如何把传译的语言进行重新组织，使其尽可能地接近于原作的文体。结论说：

　　在保证信息内容和内涵意义圆满传译的前提下，译者可以尽量顾及信息表达形式的传译，但在任何情况下，都不能本末倒置，使形式优先于内容和语言的含义。

这里他再一次强调了"内容为主，形式为次"的思想。

　　最后一章"对翻译进行检验"。既然翻译的重点在于内容而不在于形式。那么，检验翻译的准确性就不在于原文与译文语言形式的对比，而在于原文读者和译文读者的反应是否趋于一致。这是合乎逻辑的检验标准。

全书终结时说：

"究竟什么样的译文才算是优秀的译文？

可以通过下列三种翻译法的比较来回答这个问题：

（1）形式对应翻译：保留原文形式，丢失或歪曲原文意思；

（2）随意增减更改原文信息的活译；

（3）灵活对等翻译：改变原文形式，保留原文意思。

很明显，（3）代表我们所力求的好的翻译法。"

这个结论与卷首所提出的翻译的新概念是遥相呼应的。

所以奈达的翻译理论是一个完整的体系，贯彻始终的一个中心思想就是："内容为主，形式为次，"或者说"意思第一，文体第二。"书中所提出的各种论点，方法和技巧，都是为了实现这一中心思想。

奈达在他的另一篇文章《西方翻译史话》中曾指出在西方国家数百年翻译史上不断的争论，始终是围绕着两个问题：（1）直译还是意译？（2）以形式为主还是以内容为主？这两个问题实际上是一个问题，因为直译与意译是"形式为主"和"内容为主"的思想的一种表现形式。这两个问题一直没有得到明确解答。奈达第一次根据翻译功能和比较语言学的研究，明确提示了"内容为主，形式为次"的论点，就解决了西方翻译界长期争论不休的问题，澄清了人们思想上的糊涂观念，指示了明确的方向。这是奈达对翻译理论的卓越贡献，值得大书特书的。

我国近百年来翻译界长期争论的问题：如直译和意译问题，"信而不顺"和"顺而不信"的问题，等等，实际上也是围绕着"形式为主"和"内容为主"这两个问题。今天我国译坛上存在着各种不同方式的翻译，也体现着这两种不同的倾向。所以奈达这个明确的论点，也有助于解决我国翻译界（当前存在的）主要问题，是值得我们深入学习和研究的。

但是奈达在书中也有些论点似乎不够完善，在我国翻译实践中应用尤其困难，似有提出商榷的必要。本书第三章以大量篇幅阐述了"通过核心句转换"的翻译方法。这是奈达独创的翻译方法，也是他所设想的科学化翻译的一个组成部分。它的理论基础就是乔姆斯基的转换生成语法：认为世界上各种语言都有六到十二个基本核心句，从核心句的基础上可以通过转换而产生无数的表层结构句子。奈达认为最好的翻译方法就是把表层结构句子还原转换为"结构最简单、语义最清楚的核心句"再进行传译，译文的准确性可以得到可靠的保障。按照这种方法翻译须经三个步骤：

（1）从英语的表层结构还原转换为英语核心句；
（2）从英语核心句转译为汉语核心句；
（3）再从汉语核心句转换为汉语表层结构。试举例说明。以本书第41页的句子为例：

"John criticized Bill."这个基本核心句可以转换成为下例九种表层结构：

1. John criticized Bill.（核心句）
2. Bill was criticized by John.（表层结构）
3. John's criticism of Bill.
4. Bill's being criticized by John.
5. the criticism of Bill by John.
6. Bill's criticism by John.
7. The criticizing of Bill by John.
8. It was John who criticized Bill.
9. It was Bill who was criticized by John.

如上例，如果我们要译 It was John who criticized Bill. 这一句，那么，先要把它还原转换为英语核心句 John criticized Bill，再转译为汉语核心句"约翰批评比尔"，然后再转换为汉语表层结构"批评比尔的正是约翰。"这个翻译程序相当繁复，而在英汉翻译中应用尤其困难。因为（1）英语与汉语的核心句型不尽相同。据有的学者研究，英汉的七个核心句型中只有四个相同。① 因此，核心句的转译就有问题。（2）汉语的转换生成语法体系尚未形成，语法转换的规律（transformation rules）尚未确立。从汉语的核心句如何转换为汉语表层结构，没有规律可循。所以这种翻译方法在英汉翻译中应用是有困难的。

事实上，核心句的概念，转换生成语法家自己早已放弃了②。所以，奈达在近年的讲课和著作中也绝口不谈核心句转换的翻译方法。充分说明这种理论在翻译中应用是很困难的。

奈达在书中对于乔姆斯基的转换生成语法极为推重，有许多地方运用深层结构分析以达到对词句的准确理解，他甚至说："在某种意义上说翻译的过程是一个不断地进行转换还原的过程。"在当时，转换生成语法确实在西方语言学上起过重大影响，有的人甚至说它是语言学研究上的一个革命。但是这种理论并没有形成一个完整的体系，有一些语言现象不能圆满地解释，曾引起争议，TG 语法家们自己也常常改变其论点。所以近年来，它在西方语言学上的影响日见衰退，大学中选修这门课程的人越来越少；而乔姆斯基本人据说也放弃了语法研究而从事政治研究了。所以奈达在近年的著作中也绝口不谈深层结构分析了。这是有道理的。

过去一般学者认为深层结构分析对于歧义句③（ambiguous utterance）的理解和翻译有特别重要的意义。例如"Flying planes can be dangerous"一

---

① 参阅郑伟波"试用乔姆斯基理论浅析直译与意译问题"，《中国翻译》1987 年第 2 期第 5 页。

② Vide Encyclopedia Britannica, Vol. 8, p. 269（1978）"In the early days of generative-transformational grammar, linguists believed that there was a core of simple basic sentences in a language from which all the other sentences in a language from which all the other sentences in a language can ba derived and that there were transformations that are applied optionally to different sentences. Later these ideas were abandoned…"

③ Vide Encyclopedia Britannica, Vol. Ⅳ. p. 668（1978）"The nature of deep structure can be especially helpful in explaining ambiguous utterances, e. g. 'flying planes can be dangerous may have a deeper structure or a meaning like' Planes can be dangerous when they fly 2 or "To fly planes can be dangerous."

句，根据深层结构的分析，有两种结构的可能：

a) The planes that are flying can be dangerous.
b) To fly planes can be dangerous.

因此，它可以理解为"正在飞行的飞机可能是危险的"，或者"驾驶飞机可能是危险的"。这样，歧义句就可以得到准确的理解。

我过去也相信这种论点，所以我在 1984 年所写《望文生义》一文中，特别强调深层结构分析对翻译的重要意义[①]。现在，我仔细分析，觉得这一类歧义句，结合上下文意进行一般的语法分析，完全可以解决问题，没有必要作深层结构的分析。如上面"Flying planes can be dangerous."句，结合不同的上下文，其意义是明确的：

a) Flying planes can be dangerous. You must keep away from it.
b) Flying planes can be dangerous. You mustn't try to do that kind of work.

在（a）的情况下，我们知道主语是 planes，而 flying 则是现在分词，形容主语 planes，那么，这一句自然应理解为"在飞行的飞机可能是危险的"。在（b）的情况下，我们知道主语是动名词 Flying，而 planes 则是它的宾语，那么，这一句自然应理解为"驾驶飞机可能是危险的。"其意义是明确的。没有必要远兜远转，大绕弯儿，去做什么深层结构的分析；那只能使简单的问题复杂化，没有什么实际意义。实际上，任何翻译家在翻译过程中很少作这样的分析。而且，歧义句之所以产生，不一定完全是由于句法结构转换的关系，也可能由于内涵意义（connotative meaning）以及习惯用法

---

① 参阅《外国语》1984 年第 2 期，劳陇《望文生义——试谈深层结构与翻译》一文。

（idiomatic usage）等等的关系。那就不是深层结构的分析所能解决的问题了。例如，莎士比亚"The Merchant of Venice"中那句有名的歧义句"It is a wise father that knows his own child,"可以作两种解释："只有聪明的父亲才能．认识他自己的儿子。"或"任何聪明的父亲都不见得完全知道他自己的儿子。"① 这种歧义是由于习惯用法的不同而产生的。在这里，深层结构分析就不起什么作用了。

我们建立有中国特色的翻译理论体系，可以，而且必须借鉴西方学者的翻译理论。但是这种借鉴只能是有批判的吸收，决不能照单全收。正如毛泽东同志所说，对于外国的东西，必须分解为"精华和糟粕两部分，然后排泄其糟粕，吸收其精华。"鲁迅先生谈"拿来主义"，也说过，外来的东西，拿来之后，必须区别情况，分别对待，"或使用，或存放，或毁灭。"如象奈达的核心句转换的翻译方法，乔姆斯基的深层结构分析的理论，对于我国的翻译工作，实际意义并不太大，似乎可以"存放"起来，不必大肆宣扬的。

最后，我想指出，《奈达论翻译》书中，有一个小小的误译，可能会引起人们对翻译方法的错误认识，似有商榷的必要。该书第41页倒数第8行："这九个从同一核心句转换而来的表层形式，进一步说明同一意思可由不同方式表达的语言现象。"句中意思二字应改为事情。因为奈达的原文是"we can say the same thing in many ways."不是meaning。表层结构与核心句说的虽然是同一件事情（约翰批评比尔），但是说话人要表达的意思是不同的；说同一事情则可，说同一意思则不可，由于这一误译，就引起了两个问题：

（1）使奈达的论点自相矛盾。因为同页第一行明明说核心句与表层结构的意思"有显著的区别"，而下面又说"同一意思"，岂不自相矛盾吗？读者将何所适从呢？

（2）由于这一误译，可能会引起人们对翻译方法的错误认识。有的同

---

① 参阅：钱歌川《翻译的技巧》第127页。劳陇《望文生义》一文，见《外国语》1984年第2期，第54页。

志认为，既然表层结构和核心句（深层结构）的意思是相同的，那么，所谓"意译"大概就是按照深层结构的意思翻译，而"直译"就是按照表面结构的形式翻译。由于一字之误，而引起翻译方法如此严重的分歧，这充分说明理论的严肃性和重要性，值得我们深切的注意。

我对奈达和乔姆斯基的理论学习不够，一知半解，以上所谈可能很多是片面的，或者是错误的。诚挚地希望同志们批评指教。

（原载《中国翻译》1988年04期）

从奈达翻译理论的发展谈直译和意译问题

直译和意译之争由来已久,可以说从东汉起就断断续续地在进行,一直延至今日。各个时期,各个翻译家都根据自己的体会,提出不同的看法,各抒己见,言之成理。但始终未能达到一致的、合理的解决。所以,近来有些翻译家认为直译和意译根本没有明确的界线可分,这个问题谈不出什么结果来,不谈也罢。但是,直译、意译的问题可以不谈,而翻译界两种不同的倾向却始终是存在着的。一种是重视形式,要求译文与原文在词语、句法结构及表达方式各方面尽可能趋于一致。一种是重视内容(意义),要求摆脱一切形式的束缚而传达原文的意义(请参阅下面所举译例)。这两种倾向实际上还是反映着直译和意译不同的观点。所以,观点的分歧是始终存在的,掩盖是掩盖不了的,避而不谈也不是解决的办法。

实际上,直译和意译的问题不仅存在于中国翻译界,在西方翻译界也同样是长期存在而未能解决的。奈达博士在《西方翻译史话》一书中,阐述了从古代到现代西方各国翻译变化发展的历史,最后作出结论说:

在不同时期,不同的国家,人们对翻译的观点尽管有很多变化,可是两种基本的争论却始终存在,只是所表现的紧张程度不同罢了。……基本的争论就是(1)直译还是意译?(2)以形式为主,还是以内容为主?"这两个问题实质上是一个问题,因为直译和意译实际上是"以形式为主"和"以内容为主"的观点的一种表现形式。

在这里,奈达博士一语破的,道出了古今中外翻译领域中一切纠纷的根源所在。时至今日，在我国译坛上所出现的形形色色不同的翻译方式，其根本分歧仍在于重内容和重形式的不同。试举例说明：

例1：《简爱》(*Jane Eyre*) 有三种译本，均出于翻译名家的手笔，其译法却大不相同，以下句为例：

Well has Slomon said "Better a dinner of herbs where there love is, than a stalled ox and hatred there with." I would not now have exchanged Lowood with all its privations, for Gateshead with its daily luxuries.

译（1）所罗门说得好："有着爱的以草作餐，比带着恨的豢养的肥牛还要强。"现在我不愿拿革特谢那里的日常奢侈品，来换罗沃德和它一切的窘乏了。（李霁野译）

译（2）所罗门说得好："同爱人一起吃青草比同仇人一道吃肥牛还要强得多。"我现在真不愿以罗沃德的苦生活去换革特谢家中的日常豪华。（陆殿扬译）

译（3）所罗门说得好："吃素菜，彼此相爱，强如吃肥牛，彼此相恨。"现在，我可不愿意拿劳渥德的贫困去换盖兹海德府的日常豪华了。（祝庆英译）

以上三种译文，很明显，译（1）是重形式的，倾向于直译，译（2）和译（3）是重内容的，倾向于意译，而译（3）意译的成分更大。究竟哪一种译法更好，更符合于翻译的要求呢？

在诗歌的翻译中，这种分歧更为显著。

例（2）：葛蕾（Thomas Gray）的名诗"墓园挽歌"（Elegy Written in a Country churchyard），有三种不同的译本，均出自著名的诗人译家之手，而译法迥然，以不同首章为例：

The curfew tolls the knell of parting day, The lowing herd wind slowly o'er the lea, The plowman homeward plods his weary way, And leaves the world to darkness and to me.

译（1）晚钟响起来一阵阵给白昼报丧，

牛群在草原上迂回，吼声起落。

耕地人累了，回家走，脚步踉跄，

把整个世界给了黄昏与我。

（卞之琳 译）

译（2）暮钟鸣，昼已暝，

牛羊相呼，迂回草径，

农人荷锄归，蹒跚而行，

把全盘的世界剩给我与黄昏。

（郭沫若 译）

译（3）晚钟殷殷响，夕阳已西沉，

群牛呼叫归，迂回走草径，

农人荷锄犁，倦倦回家门，

惟我立旷野，独自对黄昏。

（丰华瞻 译）

很明显，译（1）是重形式的，不但遣词与句法结构尽量接近于原诗，而且格律形式也摹仿原诗［原诗每句五音步（pentametre），译诗每句五顿，以顿代步］。译（3）则是重内容的，完全摆脱了原诗的遣词、琢句以及格律形式，而只求传达原诗的意境韵味。究竟哪一种译法更好，更符合于译诗的要求呢？

从以上的分析，我们可以认识到，如果"内容为主"和"形式为主"的问题不解决，根本就谈不到什么翻译标准。一个空空洞洞的"信"字，是任何翻译家都可以使用的，起不了什么作用的。

在内容和形式的问题上，奈达的态度是明确的。他说：

If all languages differ in form (and this is the essence of their being different), then quite naturally the forms must be changed if one is to preserve the content.

"如果说一切语言在形式上都是不同的（而语言之所以不同，主要在于形式），那么，为了保持（信息的）内容，自然就必须改变其形式。"所以，他不赞成形式对应（formal correspondence）的翻译而赞成动态对等（dynamic equivalence）的翻译，要求"改变原文形式，保留原文意思。"从这个意义上说，奈达是赞成意译的，正如他所常说的"Translating means translating meaning."（翻译就是译意）。

但是奈达的理论是不断演变发展的。他在60年代服膺乔姆斯基的转换生成语法理论，意图通过核心句（深层结构）的转换以实现翻译的科学化，到了70年代，他觉得乔氏的理论有某些不足之处，不适用于翻译，就放弃了原来的论点，绝口不谈深层结构，到了80年代，他更进一步从社会符号学的观点进行探讨，以丰富和开拓翻译理论的研究领域。

在内容与形式的问题上，奈达在80年代的论点也有所发展。在1986年出版的《从一种语言到另一种语言》（*From One Language to Another*）一书中，他改变了过去"保留内容，改变形式"的提法，而提出了内容与形式兼顾的论点。他认为，功能对等（functional equivalent）的翻译要求"不但是信息内容的对等，而且，尽可能地要求形式的对等。"（no only the equivalent content of message, but, in so far as possible, an equivalence of the form.）为什么奈达把形式的对等提到重要的位置呢？我想这是因为世界各国的语言，虽然千差万别，有许多不同的特征，但是在各种语言之间也存在着某些语言的共性，因而在语言形式上——在词汇构成，句法结构，表达方式等各方面——也存在着很多相似之处。所以，在一定的条件下，译文和原文在内容和形式上都一致，并不是不可能的。在这种情况下，就应该尽量保持形式的一致，决不能任意改变形式，以致背离了原文的意思。奈达认为只有在一定的条件下，才可以改变形式。他提出改变形式的五个条件：

A. 直译会导致意义上的错误时；

B. 引入外来语形成语义空白（semantic zero），读者有可能自己填入错误的意义时；

C. 形式对等引起严重的意义晦涩时；

D. 形式对等引起作者原意所没有的歧义时；

E. 形式对等违反译入语的语法或文体规范时。

如果不合乎以上五个条件，就不能随便更改，必须保持形式的一致，也就是采取直译的方法。

奈达这一论点与近代多数翻译家同意的一条原则："Translate literally, if possible, or, appeal to free translation"（陆殿扬：如果可能，就直译，否则，就采取意译），其基本精神是一致的，但是奈达提得更明确，更具体，因而更具有指导实践的意义。我试称之为"直译基础上的意译。"这一论点来源于实践，也可以通过实践得到证实。试举例说明如次：

例（1）We are fully conscious of the historic origin of the draft treaty and with many delegations here have already exhausted this problem, my delegation will not, therefore, take too much time of the Committee. （联合国文件）

例（2）The winter morning was clear as crystal. The sunrise burned red in a pure sky, the shadows on the rim of the wood-lot were darkly blue, and beyond the white and scintillating fields patches of faroff forest hung like smoke. (Ethan Frome)

例（3）His business connections with the impecunious great both in France and in England had secured the foothold he had obtained on his arrival in Europe as a young man with letters of introduction to persons of consequences. (Maugham's *On Razor's Edge*)

例（4）Never did the sun go down with a brighter glory on the quiet corner in Soho, than one memorable evening when the Doctor and his daughter sat under the plane-tree together. Never did the moon rise with a milder radiance over great London, than on that night when it found them still seated under the tree, and shone upon their faces through the leaves. (Dickens, *A Tale of Two Cities*)

我们试以直译法翻译如下：

译（1）我们充分认识到这个草约的历史根源，而且许多代表团已经详尽地阐述了这一方面的问题，所以，我国代表团不想多占用本委员会的时间。

译（2）冬天的早晨水晶般明澈。纯净的天边朝日烧得通红，林子边上的影子是暗蓝色，隔着那耀眼的白漫漫的田野，远处几簇树林像烟云般挂在天空。

译（3）他和英国法国那些贫困的大户人家的商业关系已经巩固了他初来欧洲时作为一个凭着介绍信去见名人的年轻人所取得的立足点。

译（4）落下的太阳从来不曾更辉煌地照过苏合这幽静的角落，比起这可纪念的下午，当医生和他的女儿坐在梧桐树下的时候。升起的月亮从来不曾更柔和地照过大伦敦市，比起这一夜，当它发现他们还坐在那树下，从叶缝里照亮他们的面容的时候。

检查这四句译文，（1）（2）两句词句明白晓畅，读者可以通过直译的译文正确地领会原作的意思，就不必再行改译。而（3）（4）两句译文，词句冗长累赘，头绪不清，意义晦涩，读者无法通过译文领会原作的意思，起不到翻译的作用。根据前面奈达所提的（A）"意义晦涩"（B）"违反译入语的语法或文体规范"两项条件，自应改变原文形式，进行意译。改译如下：

译（3）他初到欧洲时，还是个凭着介绍信去见名流的年轻人，后来和英国法国那些中落的大户人家发生了商业关系，这才巩固了原先取得的社会地位。（周煦良 译）

译（4）一个令人难忘的夜晚，医生和他的女儿同坐在梧桐树下。晚霞从来没有像今天这样光辉灿烂地照临苏合这个宁静的角落。这一夜，他们静静地坐在树下，月光透过枝叶照在他们的脸上。洒在伟大的伦敦城上的月光，从来没有这么柔和、莹洁。（马小弥 译）

这样，词句就比较明白晓畅，读者可以通过译文而领会原作的意思，也合乎效能对等的要求了。所以，这样的意译是完全必要的。

有一些水平高的翻译家，往往读了极其繁复的原文，立即就能写出自然而准确的译文来,似乎不需要经过直译到意译的转折阶段,正如茅盾所说:"好的翻译家一方面阅读外国文学,一方面即以本国的语言进行思索与想象",似乎并没有经过直译到意译的一番周折。但是,如果我们仔细分析其思维过程,就会认识到实际上还是经过这一个转折程序的,只是自己没有意识到了吧。人们进行翻译的思维过程又是极其复杂的。从接收信息到分析、解释,语言符号转换,组织,调整,以致最后信息以另一种语言的形式输出,要经过一系列繁复的程序。可是人的大脑活动往往在一刹那之间自动地完成了这一过程,并没有意识到所经过的许多繁复的程序。奈达称之为"语言信息处理的自动性"(The Automatic Nature of Vesbal Processing),所以,水平高的翻译家,由于学识经验丰富,翻译技巧纯熟,在一刹那之间自动地完成了全部翻译过程,没有意识到直译到意译的转折程序,那是完全可能的,可以理解的。

根据以上分析,我认为,奈达提出"直译基础上意译"这一论点,符合于翻译实践一般的规律,是切实可行的。根据这一论点,可以防止两方面的偏向。一方面是过分拘泥于原文的形式,以致译文不能明确表达原文的意思。另一方面是完全不顾原文的形式,以致译文背离了原文的意思。必须纠正这两方面的偏向,才能使译文达到"内容最接近原文而词句又自然的译文"(closest natural equivalent)的标准。

(原载《中国翻译》1989年03期)

翻译理论的基本问题

——形式的信与内容的信

怎样才能建立具有我国特色的翻译理论体系呢？以什么为基础呢？

有的同志指出，我国原来就有一套自成体系的翻译理论；我们建立完整的理论体系，就可以以此为基础。

那么，我国原有的翻译理论体系，其主要内容是什么呢？

我国自成体系的翻译理论的核心就是一个"信"字

关于这个问题，罗新璋同志在《我国自成体系的翻译理论》[①]一文中作了全面详细的探讨和分析，他在结论中举出三家的学说，作为我国翻译理论体系的代表：严复的"信、达、雅"，傅雷的"神似"说，钱钟书的"化境"说。

他又指出，"信、达、雅"的核心就是一个"信"字。他引用了钱钟书的文章，"译事之信，当包'达、雅'；达正以尽信，雅非为饰达。依义旨而传，而能如风格以出，斯之谓信"[②]。说明"信"的含义，包括"达、雅"在内。

傅雷的"神似"，是说"信"，在于精神而不在于形貌；可以说是"信"

---

① 《翻译通讯》1983 年 7、8 期。
② 钱钟书《管锥编》第 1101 页。

的深化。

钱钟书的"化境",一是说"译本对原作应该忠实得以致于读起来不像译本";可以说是"信"的理想化。

所以,我国原有的翻译理论体系贯彻始终就是一个"信"字。

把"信",作为翻译的标准,对不对呢?当然对,谁也不能否认的。因为这是翻译的本质所决定的;如果不"信",就不成其为翻译。所以,从来没有一个翻译家否认信的标准,也从来没有一个翻译家认为自己的翻译是不"信"的。

但是,"信"是一个抽象的空洞的概念。到底它的具体条件是什么?怎样才算"信"?各个翻译家就有不同的看法,因而就出现了各种不同的翻译方式,同时并存,各不相让,谁也不承认自己的翻译是不"信"的。正因为这个"信"的标准是抽象的、空洞的、谁都可以使用,所以它得到翻译界一致的拥护,八十年来始终奉为圭臬。也正因为它是抽象的、空洞的,所以不起任何实际作用,等于虚设。

对"信"的不同认识:以内容为主?以形式为主?

各个翻译家对"信"都有不同的认识,最显著的就是严复和鲁迅的认识。这两位翻译大师都把"信"字列在首位,但是他们的"信"的概念却是不大相同的。严复的"信"是和"达"分不开的,没有"达"就没有"信"("'信'矣而不达,译犹不译也。")鲁迅的"信"是和"顺(达)"分开的,甚至可以以"信"来否定"顺(达)"("宁信而不顺")。严复主张"译文取明深义,故词句之间,时有所颠倒附益,不斤斤于字比句次,而意义不倍本文。"鲁迅主张译文必须忠实于原文,"要保存原文的丰姿","竭力保存原书的口吻,大抵连语句的前后次序也不甚颠倒。"[①] 因为他们对

---

① 《翻译通讯》1980年第4期,2页。

"信"的认识如此不同,因而产生了截然不同的译文。严复的译文是纯粹的汉化,丝毫没有西文的痕迹,读起来音调铿锵,"骎骎与先秦诸子相上下。"鲁迅的译文则更多欧化的成分,有些句子保持着原文的结构形式,读起来很吃力,"必须费牙来嚼一嚼。"为什么同样的"信"字为目标,而译文却如此悬殊呢?我认为,这主要是由于他们的着重点不同;严复着重内容,而鲁迅着重形式。"重内容"和"重形式"。就是他们的根本分歧。而这个"重内容"和"重形式"的问题却正是千百年来中外翻译界所争论不休的一个中心问题。

奈达博士在《西方翻译史话》一文中,阐述了从古代到现代西方各国翻译的变化发展的历史,最后作出结论说:

> 在不同的时期,不同的国家,人们对翻译的观点尽管有很多变化,可是两种基本争论却始终存在,只是所表现的紧张程度不同罢了。……基本争论就是:(1)直译还是意译?(2)以形式为主,还是以内容为主?①

这两个问题实质上是一个问题,因为直译和意译实际上是"以形式为主"和"以内容为主"观点的一种表现形式。在这里,奈达博士一语破的,道出了中外翻译领域中一切纠纷的根源所在。时至今日,在我国译坛上存在着的形形色色不同的翻译方式其根本的分歧仍然在于重内容和重形式的不同。试举例说明。

例1:《简爱》(Jane Eyre),有三种译本,均出自名家手笔,而译法却不大相同。以下句为例:

> Well has Solomon said "Better a dinner of herbs where love is than a

---

① 《中国翻译》1986年第4期,74页。

stalled ox and hatred therewith." I would not now have exchanged Lowood with all its privations, for Gateshead with its daily luxuties.

译（1）所罗门说得好："有着爱的以草作餐，比带着恨的豢养的肥牛还要强。"现在我不愿拿革特谢那里的日常奢侈品，来换罗沃德和它一切的窘乏了。

——李霁野 译

译（2）所罗门说得好："同爱人一起吃青草比同仇人一道吃肥牛还要强得多。"我现在真不愿以罗沃德这里的清苦生活去换革特谢家中的日常豪华。

——陆殿扬 译

译（3）所罗门说得好："吃素菜，彼此相爱。强如吃肥牛，彼此相恨。"现在，我可不愿意拿劳沃德和它的贫困去换盖兹海德府和它平日的奢华了。

——祝庆英 译

很明显，译（1）是重形式的；它的选词与句法结构尽可能保持着原文的形式。而译（3）则是重内容的，它摆脱了原文的词语和结构形式，而只求表达原文的意思。究竟哪一种译法更符合于翻译的标准呢？

在诗歌的翻译中，这种分歧更为显著。

例（2）葛蕾（Thomas Gray）的名诗《墓园挽歌》（*Elegy Written in a Country Churchyard*），有三种不同的译本，均出自著名的诗人译家之手，而译法迥然不同。试以其首章为例：

The curfew tolls the knell of parting day,

> The lowing herd wind slowly o'er the lea,
> The plowman homeward plods his weary way,
> And leaves the world to darkness and to me

译（1）晚钟响起来一阵阵给白昼报丧，
　　　　牛象在草原上迂回，吼声起落。
　　　　耕地人累了，回家走，脚步踉跄，
　　　　把整个世界给了黄昏与我。

——卞之琳 译

译（2）暮钟鸣，昼已暝，
　　　　牛羊相呼，迂回草径，
　　　　农人荷锄归，蹒跚而行行，
　　　　把全盘的世界剩给我与黄昏。

——郭沫若 译

译（3）晚钟殷殷响，夕阳已西沉，
　　　　群牛呼叫归，迂回走草径，
　　　　农人荷锄犁，倦倦回家门，
　　　　惟我立旷野，独自对黄昏。

——丰华瞻 译

很明显，译（1）是重形式的，不但遣词与句法结构尽量接近于原诗，而且格律也摹仿原诗（原诗每句五音步 Pentamotre），译诗每句五顿；以顿代步）。所以，有些人称誉这种译法为"形神兼似。"而译（3）则是重内容的；完全摆脱了原诗遣词，造句，以及格律的形式，而只求传达原诗的神韵，可以说是遗貌取神。究竟哪一种译法更符合于翻译的标准呢？

从以上的分析，我们可以认识到，如果"内容为主"和"形式为主"这个问题不明确。根本就谈不到什么翻译标准。一个空空洞洞的"信"字是解决不了任何问题的。

那么，究竟应该以内容为主？还是以形式为主呢？

从翻译的性质与功能而言，自然应该以内容为主。因为翻译的主要功能是交流思想（communication theory of translation），那么，传达的当然主要是思想内容，而不是语言形式；事实上，不同的语言形式也是无法传达的。

但是，有人提出疑问；因为——

内容与形式具有一致性：神寓于形

内容与形式是同一事物的两个方面，不可分的；内容决定形式，形式又影响内容；所以内容与形式必须有一致性；神必须寓于形。

因此，有人认为，翻译要达到内容的一致，必须保持形式的一致；"神似"必须"形似"。

这种说法似乎很有道理，实际上似是而非；因为它忽视了翻译的特性。内容与形式的一致性是对同一事物而言的。如果是两个不同的事物，不可能强求彼此内容与形式的一致。所以这一原理，只能适用于单一语言的创作，而不能适用于两种语言的翻译。因为，翻译牵涉到汉、英两种语言，不可能强求汉语的内容与英语的形式一致，或者说，汉语的神寓于英语的形。

"神寓于形"的论点来源于范缜的《神灭论》（"神之于形，犹利之于刃……未闻刃没而利存，岂容形亡而神在。"）这也是指一个人而言的，不是指两个人而言的。如果牵涉到两个人（A 和 B）的话，那只能是说 A 的神寓于 A 的形，B 的神寓于 B 形，决不能说 A 的神寓于 B 的形。因为，如果是那样的话，那么，A 死了之后，他的神还可以在 B 的身上体现出来；那就不是"神灭论"，而是"神不灭论"了。

所以，"内容与形式一致"的原则是不适用于翻译的。在翻译中，不可能要求内容与形式都一致。

所以，奈达的翻译理论开宗明义第一章就指出：

If all languages differ in form (and this is the essence of their being different), then quite naturally the forms must be changed if one is to preserve the content.①

如果说一切语言在形式上都是不同的（而语言之所以不同主要在于形式），那么，为了要保持（信息的）内容，自然就必须改变其形式。

钱钟书先生在《管锥编》中论"五失本"之义也说过：

"五失本之一日：'梵语尽倒，而使从秦……'故知'本'有非'失'不可者，此'本'不'失'，便不成翻译。"②

这些话都说明一个道理：翻译的一致性主要在于内容而不在于形式；形式是可以改变，而且必须要改变的。当然，在翻译中内容与形式都一致的情况也是有的；那只能说是偶然的巧合，而不能作为翻译者刻意追求的目标。

明确了翻译应以内容为主以后，我们要进一步探讨：

怎样检验内容的准确性呢？

既然翻译要求的是内容的一致性而不是形式的一致性，既然语言形式是可以，而且必须改变的，那么，我们再像过去那样通过语言形式的对比来检验翻译的准确性，显然是不可能得到正确的结论的。我们必须于语言形式之外另找一个客观的标准。所以，奈达博士提出了"动态对应"

---

① Vide Eugene A. Nida: *The Theory and Practice of Translation*, p. 5.
② 钱钟书《管锥编》，第 1263 页。

翻译理论的基本问题 | *137*

（dynamic equiralence）的标准——不再纠缠于语言文字的对比而着眼于读者的反应。如果译文读者的反应和原文读者的反应大致相等（绝对的相等是不可能的），那么就可以算是合格的翻译了。

这个标准实际上就是以翻译实践的效果来检验翻译的准确性；这是符合于"实践为检验真理的唯一标准"这一科学原理的。

奈达在他的近著《从一种语言到另一种语言》(*From One Language to Another*) 中，将"动态对应"改为"功能对等"，(functional equivalence) 其含义是相同的，但词意更明确而不致于引起误解。所谓"功能对等"的意思就是说译者"不但要透彻理解原文的意思，而且还要理解预期的读者可能在译入语中如何理解其意思"（Functional equivalence means thoroughly understanding not only the meaning of the source text, but also the manner in which the intended receptors of a text are likely to understand it in the receptor language.)[①] 这条定义，对于我们正确认识翻译的标准问题，似乎是可供借鉴的。

（原载《国际关系学院学报》1989年02期）

[①] Vide Waard and Nida, *From One Language to Another*, p. 4.

"殊途同归"

——试论严复、奈达和纽马克翻译理论的一致性

1987年夏译协召开的第一次全国翻译理论研讨会上曾提出如何建立具有中国特色的翻译理论体系的问题。当时有两种不同的意见。一种意见认为，我国已有一套自成体系的翻译理论，我们建立完整的理论体系，应当以此为基础，而酌量吸收西方的翻译理论。另一种意见认为，应当以西方的科学的翻译理论为基础，而根据我国的实际情况，酌予修改补充。这两种意见未能统一起来。

现在我觉得这种意见的分歧似乎是不必要的。因为东西方的语言文字虽然属于不同的语系，有很大的差别，但是也有语言的共性（language universals），而彼此对于翻译的本质和功能的认识又是一致的，因此翻译的基本原理彼此是可以相通的。我们可以融合东西方的翻译理论而构成我们的理论体系的基础，并不存在"以谁为主"的问题。近来我重新温习了严复、奈达（Eugene A. Nida）和纽马克（Peter Newmark）三家的理论，更加深了我的这一观点。

严复的"信、达、雅"说一向被认为我国传统翻译理论的代表，近百年来不断地为翻译家所引用，至今仍有人认为"还是信、达、雅好"。奈达和纽马克则是当代西方译学家中具有代表性的人物，他们的理论在西方翻译界有很大的影响，奈达的理论的核心就是"功能对等"（functional equivalence）的翻译。纽马克的卓越贡献就是关于"语义翻译"（semantic translation）和"交流翻译"（communicative translation）的论述。这三家的学说，探索的途径不同，表达的方式各异，看起来似乎相差悬殊。但是我们如果仔细分析其内含的意义，就会认识到其基本原理是一致的，彼此是可以相通的。这是我最近温习三家理论的一点体会，不知是否正确？故提出来和同志们商榷。

严复的"信、达、雅"说，实际上并没有构成完整的翻译理论。他老先生当日写《例言》那篇文章，也并不有志为翻译理论家，他只是根据他翻译《天演论》的经验，谈谈自己的心得体会而已。所以他采取的评议方法是随感式、印象式的，是微观的分析方法，并没有从宏观的角度，进行全面的分析研究，从而找出客观的规律来。事实上，像翻译这样一门牵涉到两个不同民族的语言、文化、思想、艺术交流的、极其广泛而繁复的学问，要简单地用三个字来概括其理论，恐怕是有困难的。而况他老人家又是一位古文大家，行文力求古雅、简练、含蓄，要"言有尽而意无穷"。所以他解释"信、达、雅"三词的涵义，只有寥寥数语，而含义深邃，难于窥测，读者要悉心揣摩，以探测其意旨所在；而各人由于经验和领悟的不同，往往就作出不同的解释来。所以，近百年来，不知有多少人引用"信、达、雅"，赞颂"信、达、雅"，解释"信、达、雅"。到底孰个是真正的解人？实在无法评断。我们又安得起严老先生于地下而询之？这恐怕要成为千古疑案了。正是，妙谛纷纷说到今，几人探藏得真经？

就拿一个"信"字来说吧。以"信"作为翻译的标准，对不对呢？当然对的。谁也不能否认的，因为这是翻译的本质所决定的；不"信"就不成其为翻译。但是"信"是一个抽象的、空洞的概念。到底怎样才算"信"？各个翻译家都有不同的看法，因此就出现了各种不同的翻译方式。有人认为必须逐句移译方为信；有人认为必须尽可能保持原文的语言形式，以至句法结构；有人认为可以不顾原文的语言形式，只要传达原作的意思就行；有人认为必须"形神兼似"方为信多有人认为"遗貌取神"斯为信。各人的看法不同，众说纷纭，莫衷一是！

在这一方面，奈达博士似乎比严老先生就要高明一些，或者说，明确一些了。他首先指出"信"必须区别"内容的信"和"形式的信"，可谓"一语破的!"因为，"信"相当于英语的"equivalence"（对等），其含义是笼统的、含糊的，可以作各种不同的解释。所以，奈达的理论开宗明义就指出"形式对等"（formal equivalence）与"功能对等"（functional equivalence）的区别。所谓"形式对等"，就是指译文与原文的语言形式的一致性。所谓"功能对等"就是指译文与原文的功能（function）的一致性，就是要使译文发挥与原文样的功能，也就是说要使译文的读者得到与原文读者所得到的同样的意义多用严复的话说，就是"达意"。奈达又说："如果一切语言在形式上都是不同的（而语言之所以不同主要在于形式），那么，为了要保持（信息的）内容，自然就必须改变其语言形式。"①

所以，要正确传达原作的意思（达到功能对等的效果），就必须改变其语言形式。这与严复所说："译文取明深义，故词句之间，时有所傎倒附益，不斤斤于字比句次，而意义则不倍本文，题曰达旨，"其意义是一致的。严复又说："顾信矣不达，虽译犹不译也。"这用奈达的话说，就是："如果，翻译的形式对等而不能传达原作的意思，那就等于不译（因为它没有发挥翻译的功能）。"所以，译文必须信而且达，才能达到功能对等的效果。

奈达在他的近著《从一种语言到另一种语言》中又提出区别"形式对等"和"功能对等"的几个标志。他指出在以下五个条件下就不能用"形式对等"的直译方法，必须改变形式而用意译的方法才能达到"功能对等"的效果。五个条件是②：

1. 直译会导致意义上的错误时；
2. 引入外来语形成语义空白，读者有可能自己填入错误意义时；
3. 形式对等引起严重的意义晦涩时；
4. 形式对等引起作者原意所没有的歧义时；

---

① *Vide* Nida and Taber: *The Theory and Practive of Translation* (1974), p. 5.
② *Vide* Waard and Nida: *From One Language to Another* (1986), pp. 38, 39.

5. 形式对等违反译文语言的语法或文体规范时。

所提的五个条件可能还有不够详明的地方，但是他毕竟指出了一条具体的通往"功能对等"翻译（即信而达的翻译）的途径，使学者有所依循。这比起严复所提空空洞洞的"信、达"二字，让学者去暗中摸索途径，我们不能不说奈达已经大大地前进了一步。

至于严复所提的"雅"字的含义，那就争议更多了。有人说"雅"就是"古雅"、"高雅"之意，有人说"雅"是指"风格"，译文必须再现原文的风格；有人说"雅"是指"修词效果"；有人说"雅"是指"美学价值"。人各一说，莫知所从！

那么，严氏本人的原意又如何呢？我想他在《例言》中是说得很清楚的："易曰：'修词立诚'；子曰'辞达而已'，又曰：'言之无文，行之不远'。三者乃文章正轨，亦即为译事楷模，故信达而外，求其尔雅。"这里，"修词立诚"指的是"信"，"辞达而已"指的是"达"，而"言之无文，行之不远"则指的是"雅"。可见，译文之所以要求雅，就是为了行远，也就是说，用现代的语言说，要得到广大读者的欢迎。就是译文要充分考虑译文读者的接受性（acceptability）。从这个意义上说，那么，纽马克的"交流翻译"（communicative translation）就可以说是"雅"字的最好的注脚了。

纽马克根据语言的三大功能：表达功能（expressive function）、传信功能（informative function）和召唤功能（vocative function），分析了各种不同类型的作品。他认为各类作品的功能的侧重点不同，应采取不同的翻译方法。有一些作品，重点放在原文的语义内容上，应采取"语义翻译"（semantic translation）的方法，译文要尽可能接近于原文的语言形式，以保持其语义内容，有一些作品，重点放在读者的理解和反应上，应采取"交流翻译"的方法，译文更倾向于译入语的语言形式，使读者更容易接受和理解。纽马克对"交流翻译"的定义是：

"交流翻译试图用这样一种方式正确地传达原作的文中意义，使其内容与语言都可以很容易地为读者所接受和理解。"（communicative translation attempts to render the exact contextual meaning of the original in such a way that both content and language are readily acceptable and comprehensible to the readership）①

这种翻译可以摆脱原文语言形式的束缚，更好地发挥译文语言的优势，使译文流畅、自然、简洁、明了，更容易为读者所接受和理解，这样的译文必然会受到广大读者的欢迎，用严复的话说，就可以"言之有文，行之弥远"，合乎"雅"的要求了。

纽马克谈理论，最重视与实践的结合。他说："任何理论如果不是产生于翻译实践中的问题，那就毫无意义，毫无生命力。"② 所以，我们有必要通过翻译实践中的实例来证实这三家理论的一致性。试举例如下：

例1 If she did, she need not coin her smile so lavishly; flash her glances so unremittingly; manufacturing airs so elaborate, graces so multitudious.

（译1）如果她真做了，她就不需要这样浪费地铸造她的微笑，这样不懈地闪耀她的眼光，制造这样精致的气派，这样众多的文雅。

（译2）如果她当真爱他的话，她就用不着这样过分地装出笑容，不断地送她的媚眼，费尽心计装腔作势，摆出许多文雅的姿态。

（译3）如果她当真爱他的话，她就根本用不着这样满面堆笑，滥送秋波，煞费苦心地故作姿态，装出许多斯文模样。

例2 The paralysis of the mind and will of grown-up men, raised as Christians, supposedly disciplined in the old virtues, boasting of their code of honour, courageous in the face of death on the battle fields, is astonishing.

（译1）这种成年人的心理和意志的麻痹，他们是作为基督教徒培养起来的，大概受过旧道德的训练，夸耀他们的荣誉的典范，在战场上在死亡

---

① *Vide* Peter Newmark: *A Textbook of Translation* (1987), p. 47.
② *Ibid.*, p. 9.

面前英勇果敢，这是令人惊讶的。

（译2）这些成年人都是作为基督教徒墙，养起来的，也曾受过旧道德的训练，诱耀他们荣誉的典范，在战场上死亡面前毫不畏惧，而他们的心灵和意志如此麻痹，实在令人惊讶。

（译3）这些成年人都是作为基督教徒培养成人，也曾受过旧道德的熏陶，以爱惜荣誉自豪，在战场上视死如归，然而他们精神上和意志上的麻木不仁一至于此，不能不令人惊讶。

从以上二例，我们可以看出：

（译1）是逐字逐句形式对等的翻译，字句不通，意义不明，是谁也看不懂的。用严复的话说，就是"信矣不达，译犹不译也。"

（译2）用通顺的词句，正确地传达了原文的意思。按照奈达的标准，这是功能对等的翻译。按照严复的标准，这是信而达的翻译。因为译文的语言形式比较接近于原文，所以按照纽马克的标准，这是语义翻译。

（译3）摆脱了原文语言形式的束缚，更好地发挥了译文语言的优势，所以文辞流畅自然，简洁明了，易于为译文读者所接受和理解。按照纽马克的标准，这是交流翻译。用严复的话说，这种译文就"信达而雅"，"言之有文"可以"行之弥远"了。

通过以上的例证，我们可以更清楚地认识到，严复、奈达、纽马克这三家的理论，其基本原理是一致的，彼此的论点是可以相通的。因此，我更加相信，融合东西方的理论构成我国完整的翻译理论体系的基础，是完全可能的。

翻译理论的建设是个艰巨复杂的任务，而东西方翻译理论的比较研究则是一项必不可少的基础工作。我试图在这方面做一些初步的尝试。由于自己理论知识不足，实践经验贫乏，所以以上所提论点，恐怕很多是主观片面，或者牵强附会的。诚挚地恳求同志们给予批评指教。

（原载《外国语》1990年05期）

翻译教学的出路

——理论与实践相结合

我们都知道,理论来源于实践,又转而推动实践。这是一条普遍的真理,适用于各项工作。翻译工作自亦不能例外。但是,在我国翻译界,实际的情况恰恰与此相反,理论与实践是分离的,并没有结合起来。

为什么这样说呢?因为老一辈的翻译家从事翻译工作,很少是从理论研究着手的,一般都有很高的外文与中文造诣,由于工作需要,或出于个人兴趣,就着手翻译一些东西,这似乎是顺理成章的事,并不需要什么理论指导。待到成名以后,作品已为广大群众所接受,对于自己的翻译技能有充分的信心,更不需要研究什么理论。新一辈的翻译家太多走的是同样的道路。有一些对他所心折的老翻译家的作品,悉心揣摩,很快就掌握了翻译技能,也不须研究什么翻译理论。近年来,特别自译协成立以来,大力倡导理论研究,有很多学者,精心研究翻译理论,取得很大的成绩。但是,这种研究,也只是为理论而理论,与广大译者的翻译实践并没有结合起来。

这种情况,在翻译教学中,也必然反映出来。记得1985年有一次王佐良先生召集首都各高等院校教翻译课的同志们开座谈会,交流教学经验。会上就有些同志公开表示:"翻译课程的教学只要实践就行,不需要教什么理论,说教理论是外行话。"实际情况也正是如此。各院校的翻译课程都是以翻译练习为主,传授一点翻译技巧,很少教什么翻译理论的,即使教，也无非是把"信、达、雅"或"信、顺"这几个字的含义空泛地解释一番，对于实践并不起什么指导作用。至于1980年教育部委托十五个高等院校审定的那本《英汉翻译教程》，几乎没有一个学校采作翻译教材的。

即以我校的翻译课程为例。教翻译课程的两位老师：一位副教授是五十年代的老翻译家，翻译过的小说有二三十部，经验丰富，译技纯熟公可谓得心应手。他对于翻译理论是从来不看的，他的教材就是他在长期翻译过程中积累的几百句难句，加以分门别类，让学生们逐句进行练习，加以评改，讲授一点技巧。学生们都表示满意，认为真正学到了东西。另一位是中年讲师，他的教材中是有些翻译理论的，但也无非是"信·达·雅"等几个词的反复阐说而已。他自己对于翻译理论倒是认真研究的。《中国翻译》上的理论文章，差不多每篇都看；但是与他的教学实践似乎并未能很好结合起来。记得1988年《中国翻译》第1期刊登了四篇关于符号学翻译理论的文章，都是极其精湛的理论研究文章。编者的意图是要"丰富和开拓翻译理论研究的领域"，促使"翻译实践和翻译评论的水平进一步提高。"这个愿望是良好的，用意是深远的。但实际所起的作用又如何呢？我问那位中年讲师，"最近一期那几篇文章看了没有？觉得怎么样？"他只回答了我三个字，"看不懂。"专业的翻译教师尚且如此，其他一般的翻译工作者又如何呢？我怀疑：全国几十万翻译工作者中有几个认真研读了这些理论文章？有几个真正融会贯通？又有几个能贯彻到实践中去呢？所以，我觉得这个理论与实践脱节的问题仍然存在，还远远没有解决。

为什么会出现这种情况呢？我想，首先是因为我国还没有一套科学的，系统的基本翻译理论可以作为指导实践的准则。在我国的翻译史上，翻译理论的遗产是很丰富的。自从译协成立以后，在这方面做了大量有益的工作，出版了《翻译研究论文集》，汇集了自汉魏以至近代各个时期翻译大家的精言宏论百余篇，可谓洋洋大观。但是这些评论文章所采用的方法，大都是"评点式,随感式,印象式的,是微观的分析法。"①各个翻译家从不同的角度,根据自己的经验与体会,提出自己的论点,其中不免有主观的,片面的成分,彼此的论点互不联系,甚至可能相互矛盾。所以读了这许多宏论以后,只觉得琳琅满目,妙绪纷陈,却得不到一个明确的、系统的概念。

有的同志认为我国有一套"自成体系的翻译理论"②,并举出三家的学说作为我国翻译理论体系的代表:严复的"信、达、雅",傅雷的"神似"说,钱钟书的"化境"说。这三家之中,自以"信、达、雅"说,流传最广,影响最大,至今仍有人认为"还是信、达、雅好",实际上,"信、达、雅"三个字的核心就是一个"信"字。正如钱钟书先生所说:

"译事之信,当包'达、雅';达正以尽信,雅非为饰达。依义旨而传,而能如风格以出,斯之为信"③ 这说明"信"的含义,包括"达、雅"在内。

把"信"作为翻译的标准,对不对呢?当然对,谁也不能否认的,因为这是翻译的本质所决定的,不言而喻的,如果不"信",就不成其为翻译。所以,从来没有一个翻译家否认信的标准,也从来没有一个翻译家认为自己的翻译是不信的。

但是,"信"是一个抽象的空洞的概念。到底它的具体条件是什么?怎样才算"信"?各个翻译家都有不同的看法,因而就出现了各种不同的翻译方式,同时并存,各不相让,谁也不承认自己的翻译是不"信"的。正因为这个"信"的标准是抽象的、空洞的、谁都可以使用的,所以它得到翻译界的一致的拥护,今又十多年来始终奉为圭臬。也正因为它是抽象的,空洞的,所以不起任何作用,等于虚设。

---

① 见范守义:《评翻译界五十年(1894—1948)的争论》,(《中国翻译》,1986 年第 1 期第 8 页)。
② 见罗新璋:《我国自成体系的翻译理论》,(《翻译通讯》,1983 年第 7、8 期)。
③ 钱钟书《管锥编》,第 1263 页。

到底怎样才算"信"呢？各人有不同的看法，有人认为要逐字逐句地移译才算"信"；有人认为必须尽可能保持原文的语言形式，以至句法结构；有人认为可以完全脱离原文的语言形式，只要传达意思就行，有人认为必须"形神兼似"方为信，有人认为"遗貌取神"是为信。众说纷纭，莫衷一是。

而且，各种不同的文字体裁，功能（function）不同，因此，对原文语言形式的忠实性（faithfulness）的要求也各有不同（例如科技文章与文学创作），又如何能以一个笼统的"信"字来概括呢？

所以，严复所提出"信、达、雅"的标准，实际上对于翻译实践并没有起到指导的作用。试举例说明。

例1：《简爱》（Jane Eyre），有三种译本，均出自名家手笔，而译法却大不相同。以下句为例：

Well has Solomon said: "Better a dinner of herbs where love is, than a stalled ox and hatred there with." I would not now have exchanged Lowood with all its privations, for Gatshead with its daily luxuries."

译（1）所罗门说得好："有着爱的以草作餐，比带着恨的豢养的肥牛还要强。"现在我不愿拿革特谢那里的日常奢侈品，来换罗沃德和它一切的窘乏了。

——李霁野 译

译（2）所罗门说得好："同爱人一起吃青草比同仇人一道吃肥牛还要强得多。"我现在真不愿以罗沃德这里的清苦生活去换革特谢家中的日常豪华。

——陆殿扬 译

译（3）所罗门说得好："吃素菜，彼此相爱。强如吃肥牛，彼此相恨。"现在，我可不愿意拿劳沃德和它的贫困去换盖兹海特府和它平常的奢华了。

——祝庆英 译

以上译（1）力求保持原文的语言形式，以至句法结构。译（3）完全脱离了原文的语言形式，只求传达意思。译（2）介于两者之间。究以何种译法符合于"信、达、雅"的标准呢？

例2：在诗歌翻译中，这种分歧更为显著。例如葛雷（Thomas Gray）的名诗《墓园挽歌》（*Elegy Written in a country Churchyard*），有三种不同的译本，均出自著名的诗人译家之手，而译法迥然不同，试以首章为例：

> The curfew tolls the knell of partingday,
> The lowing herd wind slowly o'er the lea,
> The plowman homeward plods his weary way,
> And leaves the world to darkness and to me.

译（1）晚钟响起来一阵阵给白昼报丧，
　　　牛羊在草原上迂回，吼声起落。
　　　耕地人累了，回家走，脚步踉跄，
　　　把整个世界给了黄昏与我。

　　　　　　　　　　　——卞之琳 译

译（2）暮钟鸣，昼已暝，
　　　牛羊相呼，迂回草径，
　　　农夫荷锄归，蹒跚而行，
　　　把全盘世界剩给我与黄昏。

　　　　　　　　　　　——郭沫若 译

译（3）晚钟殷殷响，夕阳已西沉，
　　　群牛呼叫归，迂回走草径，
　　　农人荷锄犁，倦倦回家门，
　　　惟我立旷野，独自对黄昏。

　　　　　　　　　　　——丰华瞻 译

以上译（1）是重形式的，不但遣词与句法结构尽量接近于原诗，而且格律也模仿原诗（原诗每行五音步（pentameter），译诗每行五顿，以顿代步），故誉者称之为"形神兼似"。译（2），译（3）则全完摆脱了原诗的遣词、造句以及格律形式，只求传达原词的神韵，故誉者称之为"遗貌取神"。

以上两例，同一原文而译法迥然不同。究以何种译法为符合于"信、达、雅"的标准呢？恐怕见仁见智，各人有不同的看法，谁也说不服谁的。正是：你说你的"信"，我说我的"信"，到底哪个"信"？谁也说不清！

所以，实际上，我国翻译界并没有一个明确的、统一的翻译标准。各个翻译家都凭着自己的经验和体会，根据个人的具体条件，订立了自己的翻译标准、原则和方法，至于这种标准、原则和方法是否合乎翻译的原理，能否达到翻译的要求，那就很难说了。所以我国翻译界的情况是很混乱的，翻译的质量高低相差悬殊。确实，有不少优秀的译作，如实地传达了原作的"精神、意思、风格（spirit, sense, style）"，无愧为"合格的翻译"（adequate translation）（Feedrov 语）；但是也有不少死译、硬译或者滥译、误译的作品，远远达不到翻译的要求。这种情况，即使在老一辈的翻译家中，恐亦在所难免。最近，有一件事使我感到很为震惊。一位翻译家近来重新研读了翻译大家傅雷的译作，发现在一篇梅里美的短篇小说《高龙巴》的译文中，就有错译、漏译 35 处之多[1]，在另一篇小说《卡门》的译文中，也有多处误解原意。

我们知道，指出这些错误的，并不是翻译界的末学后进，而是另一位译述等身的老翻译家；而且其中一些错误还经过又一位德高望重的老翻译家加以核实。我实在想不出什么理由为傅雷先生辩解。这样的译文，能符合翻译的要求吗？符合傅雷先生一贯主张的"神似"的标准吗？当然，我们不能以这些错误而全面否定傅雷先生对我国翻译界的卓越贡献和成就，

---

[1] 参阅郑永慧《法国文学在中国的传播》，(《国际关系学院学报》，1989 年 4 期)。

更不能以此推断其他的老翻译家。但是错误毕竟是事实。谁又能保证其他的老翻译家中就绝对不会有类似的情况呢？

在后起的新一辈的翻译家中确实人才辈出，有不少人译艺精湛，成绩斐然，有一些后起之秀重译世界名著，其成就往往超越前人。但是粗制滥造的译作，也不在少数。尤其因为有的人求功心切，学了一点外文，总想有所著述，以提高身价，为评定职称准备条件；而翻译往往被认为是一条终南捷径。和出版社有些联系的便想方设法译一二本书出版，以装点门面，似并非难事。甚至原文还没有看懂，也抱了一本词典硬译，因为他们懂得一条诀窍：看不懂的句子，只要照字面死译，便万无一失，人家终不能说你译错了。至于出版以后，读者看得懂，看不懂，那就"出门不认货"，"本店恕不负责"了。正如著名翻译家王宗炎先生所说：

"时下的译文，有许多是看不懂的。这是因为译者没有透彻的了解，只好逐字移译。有人以为忠实，其实这是偷懒和取巧。这样的译文用不着熔铸和洗练的工夫。只把原文硬搬过来就是了。"① 真可谓一语中的。我相信这说的都是真话，一点没有夸大的成分。这说明没有正确的理论指导，盲目实践带来多么大的危害。

因此，我认为当前翻译界最严重的问题就是理论与实践脱节的问题。这个问题如果不能很好解决，要求我国翻译事业全面地提高和发展，恐怕是有困难的。

但是，要实现理论与实践的结合，是个艰巨复杂的任务，千头万绪，应从何着手呢？我认为，必须根本上从翻译教学着手，首先必须编纂一部翻译理论与实践结合的翻译教材，作为基础。

我国现有的一本唯一由教育部审定的《英汉翻译教程》谈到理论的部分极少，绝大部分都是讲述翻译实践的技巧，而这些技巧与理论又是脱节的。所以各院校均不采用为教材，我想是有道理的。因此，我们迫切需要

---

① 见《翻译通报》3 卷 5 期 52 页。

编纂一套正确的理论与实践相结合的翻译教材,以适应各学校教学的需要。

要编纂这样一套教材,谈何容易?尤其因为我国还没有一个可靠的翻译理论基础,就更觉困难重重,有人认为这简直是不可能的。我过去也有这种想法。但是,最近我看到英国著名的译学家纽马克(Peter Newmark)的近著(1057)《翻译教科书》(*A Textbook of Translation*)却觉得眼明心亮,犹如漆室明灯,为我们照亮了一条理论与实践相结合、正确的翻译教学的途径。

我们都知道,奈达(Eugene A. Nida)和纽马克是当代英美翻译界的双杰。他们都是精通多国语言的语言学家,又有长期翻译实践的经验,在工作中不断探索,逐渐形成了自己的理论体系。他们的论点;互有异同之处;但是彼此极为推重,相互学习,截长补短,不断改进,共同提高。例如,奈达提出"等效"(equivalent effect)的论点,纽马克指出其中有某些不足之处,奈达立即吸收,修改了自己的论点。纽马克提出"交际翻译"(communicative translation)与"意义翻译"(semantic translation)的论点,奈达认为这是对翻译界卓越的贡献,极口赞誉。西方学者这种纯正的学者风度,无私的探索真理的精神,是值得我们学习的。两人之中,纽马克尤富于翻译教学经验,长期在伦敦综合科技大学教授翻译,经验丰富。这部《翻译教科书》正是他数十年从事翻译教学实践和理论建设的结晶,可以说是当代世界翻译文库中的瑰宝。

全书分两大部分:第一部分,原理;第二部分,方法。第一部分,分为20章:

1. 引言
2. 文本分析
3. 翻译程序
4. 语言功能;文本类别;文本典型。
5. 翻译办法
6. 翻译单位及话语分析

7. 直译

8. 其他翻译方法

9. 翻译与文化

10. 喻义的翻译

11. 成分分析法在翻译中的运用

12. 词格语法在翻译中的运用

13. 新词语的翻译

14. 科技翻译

15. 严肃文学和权威性文告的翻译

16. 参考书及其使用;"无法查考"的词语的探索

17. 翻译评论

18. 琐论

19. 关于翻译考试的提示

20. 结束语

纽马克一贯认为翻译理论必须来源于实践,任何论点如果脱离了实例的证明就毫无实际的意义。在本书的序言中他说:"书中的一些理论无非是翻译实践的概括"(Its various theories are only generalizations of translation practices),所以各章节中所阐述的理论与方法都是与实践密切结合的;可以说言必有据,语无泛设。在第二部分中附有课文十三课,列举翻译实例,通过分析研究,阐述各种翻译理论和方法在实践中的运用;使学者更深刻地体会到理论与实践的关系,而自觉地在翻译过程中加以运用。通过这一套教材的认真研习,我相信,一定能够培养出既有理论基础,又有实践能力,能够独立工作,富有创造性,符合于时代要求的翻译人才来的。

当然,汉语与英语属于不同的语系,有很大的距离,我们决不能照搬纽马克的理论。但是,各种语言之间也有语言的共性(language universals),所以在翻译的基本原理方面,彼此是可以相通的。我们不妨以纽马克的理论为基础,吸收其他名家精辟的论点,结合我国传统的翻译理论,建立适合我国实情的翻译理论体系,然后仿照纽马克的教科书的模式,编纂一部理论与实践结合的英汉翻译教程,我想是完全可能的。尤其因为我国近年来已经涌现出不少卓越的译学家,既有精湛的理论研究,又有丰富的实践经验,是能够担当这一任务的,在译协的领导下,共同研讨,通力合作,一定能够编著出一部足以与纽马克比美的汉语《翻译教科书》来,为翻译理论与实践的结合奠定基础,推动我国的翻译事业循着正确的途径飞跃向前发展。辟译苑之新路,启百世之伟业,岂不猗欤盛哉!

(原载《中国翻译》1990 年 06 期)

翻译与对外宣传

编辑同志：

近期《中国翻译》刊登多篇关于翻译与对外宣传的重要文章，提出了许多精湛的论点，读之多所启发，对于今后提高翻译质量，加强对外宣传工作，必将起到极大的推动作用。

但是，其中有一个根本性的问题似乎还没有得到充分的探讨，即翻译与对外宣传的关系问题。在这方面，我想提出一些肤浅的意见，以供商榷。

我认为：翻译，毫无疑问，是对外宣传的一个重要手段，但翻译不等于对外宣传，两者是不同性质的工作，不能混为一谈。

首先，因为翻译并不限于对外宣传工作，其他各种工作（科技、经济、政法、文教、卫生、戏剧、艺术等）都有翻译的。各种不同工作的翻译，所译的内容虽然有所不同，但翻译的基本原理和标准则是一致的，其核心思想就是一个"信"字（faithfulness），即如实地再现原文的内容（意思）。离开了"信"字——离开了原文的意思——就不成其为翻译了。有的同志认为翻译标准有规范性和灵活性。但是，我想，无论如何灵活，这个"信"的基本原则是不能动摇的。

正因为如此，对外宣传的翻译者和其他各种工作的翻译者一样，必须严格遵守这个"信"字的原则，必须如实地再现原作的意思，不可对原作的意思作任何修改。即使原作的内容有些地方不符合对外宣传的原则和要求，或者政治上不妥当，翻译者也只能如实地译出，不可作任何修改，如果修改了就不成其为翻译了。

例如：

(1) 公园门口的大幅标语：（以下引文均见《中国翻译》今年第1期）

向文明游客学习！Learn from Civilized Tourists!

向文明游客致敬！Salute to Civilized Tourists!

宾馆中的《旅客须知》：

"禁止在馆内酗酒、斗殴、赌博、吸毒、卖淫、奸宿……"

"No drunken brawls, gambling, drink-taking, prostitution or adultery are allowed …"

这样的文字显然是不适合对外宣传的。但是原文这样写了，翻译只能如实地译出，他无权作任何修改，也不能承担任何对外宣传上的错误的责任。当然，翻译者可以向原作者提出意见加以修改，但是，在原作者修改以前，翻译者是无能为力的。

(2) "吃一堑，长一智"，我认为确切的译法自然是"a fall into the pit, a gain in your wit."在一定的条件下，意译为"learning from mistakes"也是可以的。但不能译为"learning from experience"，因为后者是"前事不忘，后事之师"之意，与"吃一堑，长一智"的原意不符。同样，后者只能译为"Past experience, if not forgotten, is a guide to the future"（见《汉英成语词典》226页），或简译为"learning from experience"；决不能译为"learning from mistakes"，因为原文中没有"mistakes"之意。

如果说在译文中用"mistakes"一词政治影响不好，那么，其责任不在翻译者，翻译者没有权力改变原文的意思，这是翻译工作的基本准则。

(3) 有一些对外宣传的文字，由于中外社会文化的差别，或出于对外宣传的需要，翻译时必须作些剪裁和修改，例如：

"秦皇岛新貌"译为"Qinhuangdao: where the Great Wall Meets the Sea."

"绚丽多姿的民间艺术将使你得到美的享受"译为"Our Folk Art Festival is a guaranteed good time！"

"充满希望的黄土高原"译为"Farming on the Loess Plateau reguires carefully built terrace."

但这样一来，译文和原文的意思距离太远，完全脱离了"信"的原则，就不是翻译，而成为编译或改写了。

翻译（translate）和编译（translate and edit）或改写（adapt）是不同性质的工作。编译或改写可根据编辑的需要，增、减或修改原文的内容（意思），而翻译工作者是决不容许对原文的意思作任何增、减或修改的。这是基本的区别。如果以编译或改写的标准作为翻译的标准，实际上就是取消了翻译的标准。

所以，我以为一个翻译工作者，首先必须对翻译的任务、原则和标准有明确的认识，同时，要认识到翻译工作和编译工作以及对外宣传工作，有本质的不同，不能把三者混为一谈。翻译工作者必须坚持"信"的基本原则，决不能根据自己主观的想法（无论出于对外宣传或政治影响的考虑）对原文的意思作任何增、减或修改。如果混淆了这三种工作的界限，任意增、减或修改原文的意思，那就破坏了翻译工作的基本原则，必然要造成工作中的混乱。结果，翻译工作搞不好，对外宣传工作也搞不好。

以上这些意见，考虑极不成熟，只是提供参考而已，有谬误不当之处，恳挚地希望同志们批评指教。

致以

敬礼

劳陇

1991. 3. 10

（原载《中国翻译》1991年03期）

我看英诗翻译中的"以顿代步"问题

格律体英语诗歌应如何翻译,这是长期有争议而未能解决的一个问题。就笔者所见的译法,主要似不出于下列三种:(1)采用中国传统诗、词、曲的格律或其变体;(2)不拘格律,采取自由体或散文诗的格式;(3)移植英诗的格律,最显著的就是"以顿代步"的方式,即以汉语中的顿代替英诗中的音步(foot)以再现原诗的节奏。这里想探讨一下第三种译法的一个问题,即:"以顿代步"。究竟这种译法有没有再现原诗的节奏和音乐美呢?

要回答这个问题,我想,首先我们必须弄清什么是节奏(rhythm)。

在《现代汉语词典》和《辞海》上,"节奏"的定义是"音乐中交替出现的有规律的强弱、长短的现象。"英语《韦氏大词典》上,"节奏"的定义是"在诗律中,基本上是一系列重和轻,长和短,或高和低的音节以交替形式有规律地重复出现"。奥尔顿(R. M. Alden)在《诗学绪论》(*An Introduction to Poetry*)一书中,说得更清楚:"节奏是时间运动的特征,因此也是一切以时间而不是以空间表现的艺术——舞蹈,音乐,诗歌——的特征。当声音划分为相等的时距而各个时距的音节又有轻重之分时,就产生了节奏。"

必须注意,要构成节奏,必须具备两个同等重要的因素:1. 相等的时距(equal timeinterval);2. 音节的轻重之分(stress and unstress)。如果一连串的声音,其音节有轻重或强弱之分,而时距不相等,听起来就不会有节奏感，如果时距相等而音节没有轻重之分，也不会有节奏感。所以每当节奏出现时，必然有这两个因素存在。由此我们可以认识到，节奏存在于一切以时间表现的艺术之中。要构成节奏，必须具备两个条件：1. 节拍均匀（即时距相等）；2. 抑扬有致（即轻重之分）。两者是缺一不可的。不具备这两个条件，就不可能产生节奏感。

英国诗和中国诗各有自己的格律，又都符合这两个条件，所以读起来有节奏感。如英国诗中有音步之分，即每一行分为若干音步，每音步若干音节，音节轻重相配，完全符合节拍均匀、抑扬有致这两个条件。在中国诗里，因为汉语是声调语言（tone language）而不是重音语言（stress language），没有轻重音节之分，在诗中以"平仄"来表示"扬抑"，其效果是相同的。

但是"以顿代步"就不同了，因为其中每顿包含的音节不等，就不可能节拍均匀，音节不拘于平仄、轻重，也就没有抑扬之致。这就不符合构成节奏的两个基本条件，也就不可能产生节奏感。

从上面的分析，我们可以认识到，原诗的音步，以音节（syllable）分，而不以词意分（每音步二音节，一轻一重，即一抑一扬），故节拍均匀，抑扬有致，读起来自然谐适，富有节奏感。译文的顿，以词意分，而不以音节分，故音节参差不一，又不讲轻重、平仄，读不出什么节奏感来，与原诗大异其趣，又如何能再现原诗的节奏呢？

以莎士比亚的名剧《哈姆雷特》为例，一位著名的翻译家对剧中诗体均以"以顿代步"的方式译出，评论家认为"译者的最大长处在于节奏。正因为他一定要以五顿行来译五音步行……就产生一种清楚的节奏感。"到底有没有节奏感呢？譬如哈姆雷特的那段最著名的独白，原文分音步如下：

| Tō bĕ | ōr nŏt | tō bĕ: | thāt is | thē quēs | tīon;
| Whĕthēr | tis nŏ | blēr in | thē mind | tō sŭf | fēr
| Thē slings | ānd ăr | rōws ŏf | oūră | gēous fŏr | tūne,

| Or tō | tāke ārms | āgainst | ā sěa | ōf troū | bles,
| Ānd by | ōppǒ | sing ěnd | thēm? ...

译文以顿代步如下：

| 活下去 | 还是 | 不活： | 这是 | 问题：
| 要做到 | 高贵 | 究竟该 | 忍气 | 吞声 |
| 来容受 | 狂暴的 | 命运 | 矢石 | 交攻呢，
| 还是该 | 挺身 | 反抗 | 无边的 | 苦恼，
| 扫它个 | 干净？ | ……

原文的音步，以音节分而不以词意分，每步一音节，一轻一重，即一抑一扬①，故节拍均匀，抑扬有致，读起来节奏分明，铿锵有力。译文的顿，以词意分而不以音节分，故每顿的音节参差不齐，又不讲轻重、平仄，无抑扬之致，实在读不出节奏感来。

同其他几位名家的（非"以顿代步"的）自由体译文相比较，就音节而言，我觉得这里也体会不出特有的节奏感来。如果要勉强读出"顿"的节奏，我想在其他几种译文中，似乎也都可以读出五个顿来的。

我们知道在英语中也有"顿"（pause）的，"顿"以词意分而不以音节分。"顿"与"音步"是两个不同的概念，决不可以混为一谈。即以上引第二、三行诗为例，如果按"顿"分，则每行为四顿如下：

| Whether | tis nobler | in the mind | to suffer |
| The slings | and arrows | of outrageous | fortune |

---

① 每行结尾处加一弱谈轻音节，这是英诗中一种特定的变体，称为 feminine ending。

同一诗行,按"音步"分为五音步,按"顿"分为四顿,顿与音步显然是不同的。各顿的节拍不匀,也没有抑扬之致,读不出节奏感来的。所以,在英语中,"顿"决不可以代替"音步"。怎么到了汉语之中,"顿"就成了"音步",而且还有节奏感呢?

各种不同的语言有不同的语音特征,因而形成不同的音律。音律是无法翻译的。正如吕叔湘先生所说:"不同之语言有不同之音律,欧洲语言同出一系,尚且各有其独特之诗体,以英语与汉语相去之远,其诗体自不能苟且相同。"① 美国译学家奈达(Eugene A. Nida)也说:"诗的格律,诗的离合特征,有意采用的头韵形式,等等,都是不可翻译的语言现象。在这一点上,不同语言之间就是没有对应关系,因此我们只好牺牲形式以保存内容。"② 在这一点上,中西译学家的意见是一致的:诗律不可译。所以,英诗的"音步"无法移植到汉诗中来,正如汉诗的"平平仄仄"无法移植到英诗中去一样。在诗歌翻译上,我们完全可以用自由诗的格式,因为译诗毕竟以内容为主,形式、格律是次要的。只要能贴切地传达原诗的意境、神韵,不应该受任何形式的束缚。

(原载《中国翻译》1992 年 05 期)

---

① 见吕叔湘《中诗英译比录》,第 8 页。
② 见谭载喜《奈达论翻译》,第 4 页。

戴明的 14 点与日本企业经济的腾飞

——评介《走出危机》①

《走出危机》一书著者戴明博士（Dr. W. Edwards Deming）（1900—1993）是举世闻名的企业管理科学权威，人们尊之为现代工业质量控制之鼻祖。他于 1900 年 10 月出生于美国衣阿华州的苏城，1928 年获得耶鲁大学理学博士学位，第二次世界大战期间曾在美国国情普查部门担任统计工作，毕生从事统计管理理论的研究和实践，曾周游各国进行调查研究，创立了一套自成体系的质量控制理论，可称为企业管理学中的空前大变革。

50 年代初，戴明由美国派往日本作为经济顾问，帮助日本推进战后经济重建工作。当时，第二次世界大战结束为时不久，日本备受战争的严重创伤尚未恢复。民穷财尽，经济凋敝，工业生产落后，日本的产品以劣质低价著称于世。在国际市场上是没有地位的。戴明博士向日本的企业界，包括制造业和服务业，提出了他的新的企业管理的理论，特别是他的著名的 14 点要义。日本的企业界接受了他的意见，在全国范围内展开了企业管理的革命性的大转变。开始 10 年，就产生了立竿见影的效果；又过了 10 年，日本的工业起飞；到了 80 年代，日本的工业超越美国而称雄于世界。因此，近年来美国又转而向日本学习，各大企业如汽车工业等纷纷采用了戴明博士的新理论，取得显著的成绩。戴明博士写这本《走出危机》，就是

---

① Deming, *One of the Crisis*，中译本《走出危机》,已由曹克、云程、国勋、劳陇等译出，将于年内出版。

为了向美国企业界传授他的企业管理的新理论，阐述14点的要义，以帮助美国摆脱当前经萧条的危机，而走向繁荣和发展的道路。

戴明博士的14点的要义，简括是：

1. 企业必须制订恒定不变的目标；为实现目标而不断改进产品和服务质量。
2. 必须采取新的观念以适应不断变化的趋势。
3. 不能依靠检验的方法以保证产品质量，必须重视生产程序，并不断加以改进。
4. 不能以低价得标的方式进行采购，必须全面考虑采购器材的质量。
5. 不断地改进生产和服务制度。
6. 必须加强对职工的教学和训练。
7. 必须充分发挥领导的重要作用。
8. 消除职工的恐惧感，鼓励职工提出改进意见，提高工作效率。
9. 消除各个部门之间的隔阂。
10. 反对空洞的标语、口号、信条以及劝诫等方式。
11. 取消以数字为指标或定额的管理方式。
12. 取消那种使职工们失去对工作质量的自豪感的考绩制度。
13. 大力推行对职工的教学和自我改进的计划，不断提高职工的业务水平。
14. 使公司中人人投入改进工作，为提高质量和生产率而共同努力。

以上这些论点的一个中心思想就是：在当前竞争极度剧烈的商品市场上一个企业所赖以生存和发展的最重要的因素就是产品和服务的质量。如果企业一开始就能建立一个生产优质产品的体系，那么，在持之以恒的改进过程中质量就会愈来愈好，顾客也会愈来越多，最后利润就愈来愈高。在"质量——成本——生产率——利润"之间就会形成一种良性的连锁反应。反之，如果生产的产品质量低劣，其成本却同样是昂贵的。但顾客买到不合格的产品就会要求赔偿或补给合格的产品，而且他会告诉他的亲朋好友不要再来购买，企业就会失去大量的顾客，从而使利润锐减。

"生产劣质产品的成本，事实上是与生产优质产品一样昂贵的"。但因为销售量削减，就必然要使公司的利润蒙受损失。如果公司不断改进质量，就可以使产品的不合格率降低，销售额增加，从而使利润成倍地增长。举例说，假如生产100个产品，成本是90元。产品质量不高，其中有5个不合格。如果每个产品售价1元，那么，你的总收入是95元。只能获利5元。但是，如果你提高产品质量，把不合格率降低至零。那么，你以同样的时间和成本创造的100个产品就可以全部售出，总收入是100元。也就是说，你以90元的成本做了100元的生意，以前赚5元，现在赚10元。利润就成倍地增长了。这说明产品质量对于企业利润有决定性的意义。但是，产品的质量不好不能完全归咎于职工的工作不力。这往往是由于生产程序或工作制度上的问题，而职工们对此却是无能为力的，这主要是管理者的责任。因此，管理部门和管理人员必须认真进行检查，查明一切影响和阻碍生产效率的因素，不断地改进工作制度和生产程序以提高质量和生产率。同时，也必须充分发挥职工们的积极性和创造性，消除他们的恐惧感，提高他们的业务水平，使人人以主人翁的态度积极投入生产，抱着共同的目标，为改进工作制度和生产程序，提高质量和生产率不断努力。

在戴明博士的14点中，贯穿着一种"实事求是"的思想。反对形形色色的形式主义和教条主义。一切从工作实践的效果出发，不断地改进工作制度和生产程序，以提高产品和服务的质量及生产率。这和毛泽东同志的《实践论》的原理，以及邓小平同志指示"实践为检验真理的唯一标准"的原则从本上是一致的。戴明博士又根据现代统计科学的原理，制订了一系列科学的质量管理的方法和制度，行之有效，在工作实践中取得了更大的成绩。

　　翻译出版《走出危机》这本书，介绍戴明博士的企业管理的理论和实践经验，会有助于我国实施科学的企业管理制度的改革，可以更有效地提高产品和服务的质量及生产率，进一步推动我国的社会主义市场经济建设迅速向前发展。

（原载《国际关系学院学报》1994 年 02 期）

再论"直译"与"意译"

——对奈达和纽马克翻译理论的一点商榷

直译和意译是古今中外翻译史上长期争论而未能解决的一个问题。美国译学家奈达(Eugene A. Nida)博士在他的《西洋翻译史话》的结论中说了一段很精辟的话:

> 在不同的时期,不同的国家,人们对翻译的观点尽管有很多变化,可是两种基本争论却始终存在,只是表现的紧张程度不同罢了……基本争论就是:(1)直译还是意译?(2)以形式为主还是以内容为主?①

这两个问题实质上是一个问题,因为直译和意译实际上是"以形式为主"和"以内容为主"的观点的一种表现形式。

这一论点,对于研究我国的翻译史,似乎也同样可以适用的。纵观我国历史上各个时代对于翻译问题的纷争——如古代的"文""质"之辩;"美言不信,信言不美"之议;道安的"五失本"、"三不易";玄奘的"五不翻";赞宁的"六例";以至近代的"直译"与"意译";"宁信不顺"与"宁顺不信"之争,等等。其核心也都是围绕着这个重内容和重形式的问题,也就是直译和意译的问题。直至近代,翻译大师如严复、鲁迅、傅雷

---

① 见《中国翻译》1986 年第 4 期第 76 页。

等不同的翻译风格，其基本分歧亦在于侧重直译和侧重意译的程度之不同。近十年来，我国翻译界吸收了西方译学家的理论，在理论研究方面取得了进展，但是，对于这个直译与意译问题，众说纷纭，却始终未能取得共识。

对直译和意译问题，近年来，西方有一些译学家提出了直译与意译相结合的办法，或者说，直译基础上的意译法，以图解决这一矛盾。在这方面，可以英美的两位译学权威奈达和纽马克（Peter Newmark）的论点作为代表，试分别简述如下：

奈达在他的 1974 年的《翻译理论与实践》（*The Theory and Practice of Translation*）一书中曾说过"翻译就是译意"（Translating means translating meaning），又说"如果说一切语言在形式上都是不同的……，那么为了保持（信息的）内容，自然就必须改变其形式。"① 他认为必须改变形式以保持内容（意义），显然他是主张意译的。

但是，十多年来奈达的论点已有了很大的转变。在他的 1988 年的《从一种语言到另一种语言》（*From One Language to Another*）一书中，他认为功能对等（functional equivalent）的翻译要求"不但是信息内容的对等，而且尽可能要求形式的对等。"（not only the equivalent content of message, but, insofar as possible, an equivalence of the form.）② 他认为，一般应保持原文的语言形式（即直译），只有在直译的意义不明等五个条件下，才可以改变原文的语言形式而采取意译的方法③。所以奈达现在的论点，实际上就是直译与意译相结合，或者说，直译基础上的意译法。

至于纽马克的论点，有些人认为纽马克是直译派。其实，他并不是真正的直译派，在他的《翻译教科书》（*A Textbook of Translation*）的序言（p. xi）中说：

---

① Vide Nida, *The Theory and Practice of Translation*, p. 5.
② Vide Nida, *From One Language to Another*, p. 11.
③ Ibid., pp. 38, 39.

> I am somewhat of a 'literalist', because I am fort ruth and accuracy. I think words as well as sentences and texts have meaning, and that you only deviate from literal translation when there are good semantic and pragmatic reasons which is more often than not …
>
> （我似乎是属于"直译派",因为我主张要忠实和准确的,我认为词和句及语段都是有意义的,只有当你有充分的表意和实用的理由必须放弃直译时,你才能这样做,而那种情况却是常常有的……）

从上文,我们注意到"直译派"三字上面是有引号的,说明他并不是真正的直译派。他的意思是:一般就采取直译,只有在直译表达意义不明等情况下,才可以放弃直译而采取意译,而那种情况却是常有的。

从上面的分析,我们可以看出奈达和纽马克的论点基本上是一致的,他们都主张直译与意译相结合,或者说,直译基础上的意译法。

我国有些翻译家近来也提出相似的主张①。我自己过去服膺奈达的翻译理论,曾撰文支持这种直译基础上的意译法。②

但是,这个直译与意译相结合的论点,似乎需要作进一步的探讨。因为,事实上,一般有经验的翻译家进行翻译都经过理解（comprehension）与表达（expression）两个步骤,即透彻理解原文的意思,然后把这个意思用译文语言准确而通顺地表达出来,这就完成了翻译的任务,这实际上就是意译的方法。很少有人会走从直译再转向意译这条迂回曲折的道路的。因为,那样做是劳而无益的,只能给翻译增添一些不必要的干扰,而没有什么实际的意义。

那么,为什么纽马克一贯主张直译与意译相结合的方法,而奈达从意译又转向直译与意译相结合的方法呢?其根源何在?值得我们深思。

我认为,其根源就在于对语言形式和意义的关系的认识。因此,必须

---

① 参阅刘重德 Literal Translation and Free Translation,刊于《外国语》1990年第4、5期。
② 劳陇《从奈达翻译理论的发展谈直译和意译问题》,《中国翻译》1989年第3期。

进一步研讨这一问题。

语言形式与意义的关系

语言形式和意义的关系是一个极为复杂的问题，有各种不同的论点，至今还没有统一的认识。根据传统的语言学的论点，认为语言的形式与意义是互为表里，不可分的。语言是信息的外形，而意义是信息的内容，即人们所常说的语言形式和思想内容。奈达、纽马克和其他许多翻译家都是这样认识语言形式和意义的关系的。在奈达的著作中内容（content）和意义（meaning）是作为同义语使用的。

我们知道，"形式"和"内容"是同一事物的两个方面，不可分的。内容决定形式，形式又转而影响内容。所以，形式和内容必须是一致的。中国古语中所说"形神一致"，"表里一致"，也是这个意思。但是，在翻译中要求做到译文与原文的语言形式和内容（意义）完全一致是不可能的。往往形式一致而内容不一致，或者，内容一致而形式不一致。这就产生了形式与内容的矛盾，也就产生了直译与意译的矛盾问题。这是翻译中长期存在而未能解决的一个基本问题。所以，奈达特别指出，翻译史上的一切争论都是围绕着这个基本矛盾而产生的。由于这个矛盾问题长期未能解决，所以，有些翻译家就提出了一种折中的办法，即直译与意译相结合的方法；实际上，就是一种兼顾内容与形式的方法。正如奈达所说，"不但要求信息内容的对等，而且尽可能要求形式的对等"。这就是直译与意译相结合的方法的产生之根源。

然而，必须指出，以上所说的语言是形式与思想是内容这个概念，虽然得到翻译家们的普遍承认，实际上却是错误的，不符合实际的，因为它不能说明语言和思想的实质。我们知道，意义（思想）是客观现实在人们的头脑中的反映，是属于思想意识的范畴之内的，它是无形的（intangible），是看不见，听不到，摸不着的。而语言则是一种声音形式，它是物质的东西，它是有形的（tangible），可以听得见的，觉察得到的．正如前苏联译学家巴尔胡达罗夫所说：

> 语言，一方面存在于言语之中，因而是一种物质现象，另一方面，作为语言单位的意义，却并不存在于言语中．而存在于人的意识中，因而又是一种思想现象。①

所以，语言和思想是不同性质的东西，不可能合为一体而构成内容与形式的关系的。譬如说，我看见桌子上的一本书，头脑中产生了一个"书"的意念，或思想。如果我用语言表达这个思想：用汉语说，就发出 shu（书）的声音，用日语说，就发出 hong（本）的声音，用英语说，就发出 book 的声音，用俄语说，就发出 КНИга 的声音，用法语说，就发出 livre 的声音，用德语说，就发出 buch 的声音。能不能说，所有 shu, book, КНИга, livre, livre, buch。这些声音都是"书"的思想的形式呢？显然不能的，同一个内容怎么可能有那么多不同的形式呢？那么，"书"的思想的形式到底是什么呢？回答是否定的。思想是没有形式的（intangible），是看不见，听不到，摸不着的，思想是客观现实在人的意识中的反映，是人的头脑中自发地产生的，并不是依赖语言而形成的，所谓"赤裸裸的思想"（naked thought）——即脱离语言的思想——实际上是存在的。例如，先天的聋哑人不懂得任何语言，但是他们头脑中同样有思想存在，这是经实验证明了的②。

所以，按照现代符号学的论点，语言和思想不是统一体，不可能构成

---

① 巴尔胡达罗夫著（蔡毅等译）《语言与翻译》，第34页。
② 威廉·詹姆斯（William James）为了说明没有语言的思考是可能的，曾引用了一个聋哑人巴拉德先生的回忆。巴拉德先生写道，他在童年时，甚至在会讲话之前，就有了关于上帝和世界的想法。……那是在几次愉快的坐车期间，我开始初步学习语言的两三年之前，我开始问自己"世界是怎样形成的"这个问题——引自《哲学研究》，维特根斯坦著，第148页（三联书店，1992年版，《现代西方学术义库》）。

形式与内容的关系。语言只不过是表达思想的一种符号。正如索绪尔所说：语言是表达思想的一种符号系统，正如书写系统、盲文、军事信号等一样，只不过语言是所有符号系统中最重要的符号系统而已。这就正确地说明了语言与思想的关系。同一的思想可以用各种不同的符号表达出来，两者之间并不存在形式与内容的关系，也不要求形式与内容的一致。这就消除了翻译中长期存在而未能解决的语言形式与内容（意义）的矛盾问题。

符号学的翻译观

根据符号学的论点，翻译的实质就是以不同的语言符号表达同一的思想。翻译的目标当然是重现（reproduce）原文的思想（意义），而不是重现原文的语言符号。

各种不同的语言符号系统的制订，并不是根据统一的原则，科学地、系统地制订的，而是各个语言社会在历史发展的过程中自然地形成的，偶然性占着极大的成分，"约定俗成"起着主导的作用。所以，在各种不同语言的符号系统之间找不到共同的规律，两者之间的关系是非常错综复杂，而且变化不定的。例如：

（1）各个符号单位、词的意义，不是固定不变的，而是随着上下文而不断变化的。

例如："book"一字的意义是随着上下文而变化的，决不能一律固定地译为"书"字。

a good book. 一本好书

an exercise book. 练习簿

a note book. 笔记本

book-keeping. 簿记

booking-office. 售票处

book-maker. 登记赌注者

所以，在两种不同的语言之间，各个符号的相互关系是异常错综复杂，变化不定的。

又如"good"一词，其意义的变化就更多了：

good (fertile) soil. 肥沃的土壤

good (fresh) eggs. 新鲜的鸡蛋

good (amusing) joke. 有趣的笑话

good (genuine) gold. 纯金

good (handsome) looks. 漂亮的外表

good (devoted) Christian. 虔诚的基督徒

good (wholesome) exercise. 健康的运动

good (competent) worker. 合格的工人

good (convincing) excuse. 巧妙地托词

good (keen) eyesight. 敏锐的眼光

good (sumptuous) dinner. 丰盛的筵席

good (happy) life. 幸福的生活

in good spirit. 精神焕发，兴高采烈

good for nothing. 一无用处

good for every thing. 无所不能

good and hard. 狠狠地

good and sure. 确确实实地

good and proper. 完全地、彻底地

以上各个"good"，决不能一律简单地译为"好"字的。所以英国语言学家弗思（Firth）说："Each word when used in a new context is a new word."（每个单词用于新的上下文中就成为一个新词。）

（2）各种语言系统的符号组合形式，即，句法结构，也有极大的差别，决不可以按符号作对等的翻译。

例如："Is there a book on the table?" 决不可以按对等符号译为："是那

里一本书在桌子上?"必须按意义改译为:"桌子上有一本书吗?"

句子的意思也不是固定不变的,往往随着不同的上下文而有很大的变化;同一个意义,可以用各种不同的句型表达出来:

例如:"他的行动快得惊人"的意思,可以用五种句型表达出来:

He moved astonishingly fast.

He moved with astonishing rapidity.

His rapid movements astonished us.

The rapidity of his movements was astonishing.

He astonished us by the rapidity of his movements.

(Jesperson)

用哪一种句型,须视上下文的需要而定。

正因为各种语言系统的符号及符号组合形式之间存在着如此错综复杂而且变化不定的关系,所以要在两种语言之间进行符号对等的翻译是不可能的,也是没有意义的。

西方的语义学家把语言比作思想的电码,说我们"说话就是等于把思想译成电码(encoding),而理解说话的意思就等于把电码解译(decoding)而还原为思想。"(it appears that saying something involves encoding a thought and that understanding what one said involves decoding and recovering the same thought.)① 这种比喻很贴切,很能说明问题。

假如我们有两本密电码(电码 A 与电码 B),要在两个电码之间直接进行对等的转换,显然是不可能的,必须经过解码(decoding)——将电码 A 解译为文字——,和再译码(re-encoding)——将文字转译为电码 B——,这两个程序略如下图:

---

① vide Encyclopedia Britanniea, Vol. 25. "Semantics." P. 510, L. 11.

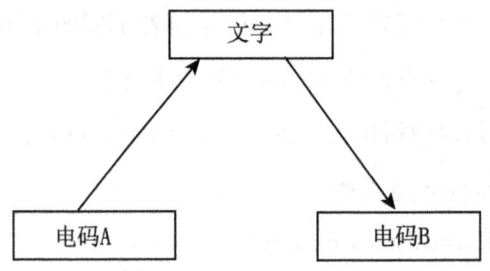

在两种语言文字之间进行翻译也是如此,在不同的语言符号之间进行直接对等的翻译是不可能的,必须经过"语言符号还原为思想"和"思想再转化为语言符号"这两个步骤,略如下图:

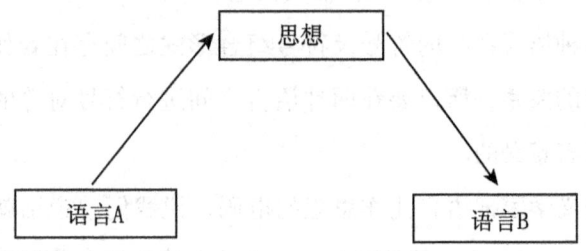

第一个步骤是理解(comprehension),第二个步骤是表达(expression)。任何翻译都必须经过这两个步骤,是缺一不可的。

事实上,实际的翻译工作,首先,必须透彻理解原文的意思,然后把这个意思用译文语言确切地表达出来。这两个程序是缺一不可的。如果不理解原文的意思而只按字面作机械的转换,这实际上不是翻译。奈达称之为机械的再转写(mechanical retranscription),机械的再转写是不可能完成翻译任务的。当然,这有时也会出现译文与原文的意思和语言形式完全一致的情况(即一般所谓"直译"的现象)。但是,这只能说是偶然的巧合(happy coincidence),而不应作为翻译者追求的目标。翻译者追求的目标只有一个,意义的一致。如果在追求意义一致的同时,又刻意追求语言形式的一致,那就有可能形成翻译腔(translationese)——汉化英语或英化汉语——的危险，而不能达到合格翻译（adequate translation）的要求。

前辈翻译家陆殿扬先生在他的《英汉翻译理论与技巧》（*Translation: its Principles and Technique*）一书中说过一段极为精辟的话：

> Our advice is: first read the sentence or paragraph thoroughly, try to understand it and form a thought or an image in your mind, next close your book, think in Chinese and see how you can express the thought as if it were your own. In this way, you will not be confined or restricted by the foreign words you see in the article, but can express freely the original thought in Chinese.
>
> （我们的忠告是：首先透彻地阅读有关的句子或段落，理解它的意思，在你心中形成一个概念或意象。然后，合上你的书，用中文思考，把它当作你自己的思想表达出来。这样，你就不会受到外国语言的约束或限制，就能够自由地把原文的思想用中文表达出来。）

短短两句话，充分说明了翻译的原理和翻译的程序：透彻理解原文的意思，然后，用译文语言把它确切地表达出来，这就完成了翻译的任务。其中有一句非常精辟的话"合上你的书"。我们相信，无论陆殿扬先生或其他任何翻译家，决不会在翻译的过程中，不断地把书合上又打开的。这显然不是事实。为什么他偏偏要这样说呢？因为他有深刻的含义：合上你的书，就割断了原文语言形式和译文语言形式的任何牵缠，也就摆脱了一般所谓"直译"的影响。笔者相信这是陆先生长期从事翻译工作的心得体会，也是其他许多老翻译家的共同体会。

根据以上所说，翻译的基本概念就非常清楚了。概括起来就是两句话：透彻的理解（thorough comprehension）和确切的表达（correct expression）——透彻理解原文的意思，用译文语言把它确切地表达出来。根据这一概念，那就没有必要将翻译强分为直译和意译而作各种不同的解说了。

因为那样做，只会使问题不必要地复杂化，而无助于对翻译的本质的认识。

钱钟书先生所揭示的"化"字，笔者体会，也就是这个意思：将一种语言文字的意思（包括风格 style①）化为另一种语言文字表达出来——决不是两种语言文字的"字比句次"的转换。

翻译理论的范围和作用

"透彻的理解"和"确切的表达"这两句话，说起来很容易，但是真正要做到却不是容易的事。

所谓"透彻的理解"就是不仅要理解原文的字面意义（即所指意义 referential meaning），还要理解它的内涵意义（connotative meaning），比喻意义（figurative meaning）和联想意义（associative meaning）（风格可包括在联想意义之内）等等。这就不仅要有丰富的语言文字的知识，还要有不同的社会、文化、历史背景的知识，思维逻辑的知识，以及有关的各种专门学科的知识。这就牵涉到语言学、语义学、社会学、人类文化学、思维逻辑学，以及各种有关的专门学科。那是一个非常广泛、十分复杂的领域。但是，透彻的理解是我们学习任何文字资料，无论学术性的或非学术性的，所必须具备的一个基本要求并不是由于翻译工作而产生的，也不能通过翻译理论而得到解决的。这是否应纳入翻译理论的范围之内呢？

至于"确切的表达"则属于写作艺术的范畴之内，不但需要有语言文字，语法修词，文体风格等各方面广博的知识，而且还必须要有一定的写作修养和写作才能，那也不是凭翻译理论所能解决的问题。

从这里，我们也可以认识到翻译理论所能起的作用。翻译理论只能使我们认识翻译的本质、原理和正确的翻译方法，但不能保证我们翻译的质量。因为，翻译质量的高低主要取决于译者的理解和表达或写作的能力。

---

① 风格（style）是有意义的，奈达把它包括在联想意义内，我国钱瑗也说过 "style is an inregral prat of meaning"（文体是意义的一个组成部分）（vide QianYuan, Stylistics. p. 6）。

那种能力是在长时期的绘习和实践过程中培养出来的,决非一朝一夕之功。只凭翻译理论是不可能达到这个要求的。

  反之,如果你有很高的理解能力和写作能力,但是没有正确的理论指导,也同样不可能很好地完成翻译的任务。因为你不懂得翻译的原理和正确的翻译方法,就不可能充分发挥你的理解和表达的才能,也就产生不出高质量的译作来。

(原载《国际关系学院学报》1994年03期)

试论现代翻译理论研究的探索途径

——兼评《中国现代翻译理论的任务》文

《外国语》1993 年第 2 期刊登刘宓庆同志的《中国现代翻译理论的任务》（以下简称《任务》）一文，全面探讨了中国传统的和现代的翻译理论中所存在的各种问题，进行综合分析研究，指出今后翻译理论研究的任务及探索的途径。这是一篇纲领性的文章，对我国翻译前途的发展，具有不可估量的重大意义。任何一位从事翻译工作，关心我国翻译前途的同志，读了这篇文章，必然会引起深长的思考，而作出自己的答案来。我虽然老聋衰朽，百无一用，但是面对着这样一个关系前途成败的重大问题，仍然不能不感到心潮起伏，思绪纷涌，忍不住要提出一点个人的肤浅的意见来，以供参考。

我认为，要研究今后我国翻译理论的任务，首先必须要确定一条正确的研究探索的途径或路线，才能引导研究工作臻于成功。否则，如果采取了一条错误的路线，就必然要引入歧途，愈离愈远，最终导致翻译理论研究工作的全面失败。这是成败攸关的一个先决问题，决不可以掉以轻心的。

《任务》所采取的是一条什么样的途径呢？据我的体会，是一条语言学的探索途径（linguistic approach），正如《任务》文中所说，"翻译是一种语际转换（interlingual transfer）的行为"，"以对比语言学为依据，从语言的特异性出发"，"推出以现代语言学科为依据的翻译语言学理论体系"。所以它研究的中心在于两种语言的对比和转换。正如文中所说：

"翻译理论的任务，是根据语用目的，对达到不同等级的形式对应的条件进行理论描述，并制定形式对应的参照规范。"

这一条语言学的途径到底对不对？是不是导向成功之路？这是值得深思的。

在这里，我想，美国译学家奈达博士（Eugene A. Nida）在翻译理论领域中五十年辛勤探索所经历的艰难曲折的程途是值得我们借鉴的。

奈达总结他探索翻译理论的经验时指出有四条探索的途径：①

1. 语文学的途径（philological approach）
2. 语言学的途径（linguistic aproach）
3. 交际理论的途径（communicative approach）
4. 符号学的途径（sociosemiotic approach）

奈达在60年代走的正是这条语言学的途径，因为走不通，他早就放弃了。

为什么走不通呢？因为两种不同的语言文字，在词汇含义、语法功能、句法结构、表达方式等各方面有极大的差异，要找出对应的关系来是极其困难的；尤其因为词和句的意义的不确定性（indeterminancy of meaning），同一个词，在不同的上下文中有许多不同的意义（具体例子见下文"符号学的翻译观"节）；同一个句子，在不同的上下文中也有不同的意义；同一个意义可以用各种不同的句型来表达，（具体例子见下文"符号学的翻译观"节）。所以说，"词无定义，句无定型"，正因为这种错综复杂、变化不定的关系，所以要制订两种语言之间的对应的规则（rules of correspondence）或规范，是极其困难，简直不可能的。即使勉强制订了一些规则或规范，至多也只能达到表面结构的对应，而不能体现内在意义的一致。所以，奈达说：

> Basically, the linguistic approach to translation involves a series of rules of correspondence, which prove to be particularly important in developing

---

① Vide Waard & Nida. *From One Language to Another*, pp. 182–185. "*Diverse Theories of Translation*," 及《外国语》1989 年第 6 期刊登 Nida, *Theories of Translation*.

machine translation, but rules of correspondence based on contrastive linguistics are too dependent upon surface structures and do not deal adequately with the underlying semantic relationship.①

这种对应的规律只能供机器翻译的研究之用，没有什么实际的用处，因为它只能表示表面结构的关系而不能体现内在意义的关系。

奈达在 60 年代曾经尝试，根据乔姆斯基（Chomsky）的转换生成语法（transformational-generative grammar），通过深层结构的转换以达到两种语言的对应，这种尝试没有成功，他完全放弃了所以，奈达说：

Developments in transformational gencrative grammar gave machine traslating a great methodological boost, but this was not adequate enough to fulfil the expectations aroused through the early promotion by computer enthusiasts. The limited success of machine translating, since it requires so much preediting and postediting, has resulted in a shift of focus from purely linguistic method to Aritificial Intelligence as a possible source of fresh insights.②

这种根据转换生成语法的翻译法对于研究机器翻译起了很大的作用。但是那种机器翻译没有取得成功，因为它事前和事后需要太多的修辑加工，所以研究的中心已从语言学的方法转向人造智能了。

因为这条语言学途径走不通，所以奈达到 70 年代就转向交流理论途径（communicative approach）的研究，提出动态对等（dynamic equivalence）或功能对等（functional equivalence）的理论。近几年来，他感到交际理论的研究也不能圆满地解决问题，因而又转向符一号学的路线（sociosemiotic approach）的研究，但是，他说符号学路线的研究才初见端倪，其潜在的发展

---

① *Vide* Waard & Nida, *From One Language to Another*, p. 183.
② 参阅《外国语》1989 年 6 期 Nida, *Theories of Translation*, p. 5.

的可能性尚有待于进一步的探讨①。前苏联的译学家巴尔胡达罗夫（Л. С. Бархулаоь）也采取这条符号学的路线，他的《语言与翻译》一书中比较全面地应用了符号学的原理。

综上所述，充分说明这条语言学的途径是条走不通的死胡同，许多现代的翻译理论家，以至机器翻译的研究者，都已经改弦易辙、另觅通途了。难道我们还要继续往这条死胡同里钻吗？钻到何年何月，才能出头呢？只怕"春蚕到死丝方尽，蜡炬成灰泪始干"。悲哉！

为什么奈达、巴尔胡达罗夫等都放弃了语言学的途径而转向符号学的途径呢？其原因何在？符号学的途径有什么优越性？能解决什么问题？这是一个十分复杂的问题，需要我们深入地探讨。兹就我个人的一点肤浅的体会，试作初步的阐述如下。

关键在于如何正确认识"语言形式和意义的关系"

语言形式与意义的关系是一个极为复杂的问题，有各种不同的论点，至今还没有统一的认识。根据传统的语言学的论点，认为语言的形式和意义是互为表里，不可分的。语言是信息的外形，而意义是信息的内容，即人们所常说的"语言形式"和"思想内容"②。形式与内容是同一事物的两个方面，是不可分的。所以，形式与内容必须是一致的，中国古语所说的"形神一致"、"表里一致"，也是这个意思。但是，在翻译中，要做到译文与原文的语言形式与内容（意义）完全一致，是不可能的，往往形式一致而内容不一致，或者内容一致而形式不一致。于是，就产生了形式与内容的矛盾。这是翻译中长期存在而未能解决的一个难题。翻译史上的许多争论——如"直译"与"意译"之辩，"信言不美""美言不信"之议，"宁信而不顺""宁顺而不信"之争——都是由此而引起的。

---

① 参阅《外国语》，1989 年 6 期 Nida, *Theories of Translation*, p. 7.
② 意义就是用语言表达的作者的思想。

然而，实际上，以上所说的"语言形式与思想内容"这个概念本身却是错误的，因为它不能说明语言与思想的实质，我们知道，意义（思想）是客观现实在人们的意识中的反映，是属于思想意识的范畴之内的，而语言的声音形式则是物质的东西，是属于物质世界之中的，正如巴尔胡达罗夫所说：

"语言，一方面存在于言语之中，因而是一种物质现象；另一方面，作为语言单位的意义，却并不存在于言语中，而存在于人的意识中，因而又是一种思想现象。"①

所以，语言和思想是不同性质的东西，不可能结合起来而成为统一体的，事实上，思想是在人的头脑中自发地产生的，并不是依赖语言而形成的，脱离语言的思想（即所谓"赤裸裸的思想"）是实际存在的，例如，先天的聋哑人不懂得任何语言，但是在他的头脑中同样是有思想存在的。

所以，按照现代符号学的论点，语言和思想并不是统一体，语言只不过是表达思想的一种符号，正如索绪尔所说：语言是表达思想的一种符号系统，正如书写系统、盲文、军事信号等一样，不过语言是所有符号系统中最重要的符号系统而已，这就正确地说明了语言与思想的关系，同一的思想，可以用各种不同的符号表达出来；两者之间并不存在内容与形式的关系，这就消除了翻译中长期存在的语言形式与内容（意义）的矛盾问题。

符号学的翻译观

根据符号学的论点，翻译的实质就是以不同的语言符号表达同一的思想，翻译的目标当然是重现原文的思想（意义），而不是重现原文的语言符号。

各种不同的语言符号系统的制订，并不是根据统一的原则，科学地、系统地制订的，而是各个语言社会在历史发展过程中自然地形成的，偶然性占着极大的成分，"约定俗成"起着主导的作用。所以，在各种不同语言

---

① 巴尔胡达罗夫《语言与翻译》第 34 页。此书的第二章《语义的基本理论》对于语言和意义的关系，作了详细的阐述，可以参阅。

的符号系统之间，找不到共同的规律；两者之间的关系是非常错综复杂，而且变化不定的。

（1）各个符号单位，词的意义不是固定不变的，而是随着上下文而不断变化的。例如："book"一字的意义是随着上下文而不断变化的，决不能一律译为"书"字。

  a good book. 一本好书
  an exercise book. 练习簿
  a note book. 笔记本
  book-keeping. 簿记
  booking office. 售票处
  book-maker. 登记赌注者

所以，两种不同的语言之间，各个符号的相互关系，是异常错综复杂的。又如"good"一词，它的意义的变化就更多了：

  good（fertile）soil. 肥沃的土壤
  good（fresh）eggs. 新鲜的鸡蛋
  good（amusing）jokes. 有趣的笑话
  good（genuine）gold. 纯金
  good（handsome）looks. 漂亮的外表
  good（devoted）Christian. 虔诚的基督徒
  good（competent）worker. 合格的工人
  good（convineing）excuse. 巧妙的托词
  good（sumptuous）dinner. 丰盛的筵席
  good（happy）life. 幸福的生活
  ……①

---

① 参阅《中国翻译》1993年第4期：《英语词汇的语义辐射与词义选择》。

以上的各个"good",决不能一律简单地译为"好"字的。所以英国语言学家弗思(Firth)说:"Each word when used in a new context is a new word."(每一个词用于新的上下文中就成为一个新词)真是一点不错的。

(2) 各种语言系统的符号组合形式,即句法结构,也有极大的差别,决不可以按符号作对等的翻译的。例如:"Is there a book on the table?"决不可以按符号译为:"是那里一本书在桌子上?"必须按意义译为:"桌子上有一本书吗?"

句子的意思也不是固定不变的,往往随上下文而有所变化,同一个意义,可以用各种不同的句型表达:例如,"他的行为快得惊人"的意思,可以视上下文的需要由五种句型表达:

He moved astonishingly fast.

He moved with astonishing rapidity.

His rapid movements astonished us.

The rapidity of his movements was astonishing.

He astonished us by the rapidity of his movements.

(Jesperson)

正因为各种语言系统的符号及符号组合形式之间存在着如此错综复杂而且变化不定的关系,所以要在两种言语之间进行符号对应的翻译是不可能的,也是没有意义的。

西方语义学家把语言比作思想的电码,说我们"说话好比把思想译成电码(encoding),而理解说话的意思就好比把电码解译(decoding)还原为思想"(it appears that saying something involves encoding a thought and that understanding what one said involves decoding and recovering the same thought.)[1]。

---

[1] Vide Encyclopedia Britannica, Vol. 16. "Semantics", p.510, L.11.

这种比喻非常贴切，很能说明问题。

假如我们有两本密电码（电码 A 与电码 B），要在两个不同的电码之间直接进行对应的转换，显然是不可能的，必须经过解码（decoding）和再译码（re-encoding）两个程序，略如下图：

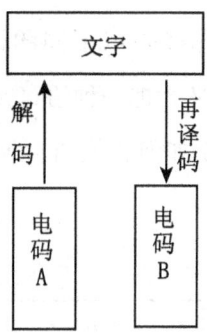

在两种语言之间的翻译也是如此。在不同的语言的符号之间进行直接对等的翻译是不可能的，必须经过"符号还原为思想"和"思想再转化为符号"这两个步骤，略如下图：

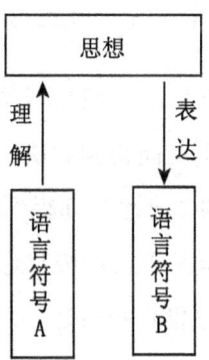

第一个步骤是理解，第二个步骤是表达（expresion）。任何翻译都必须经过这两个步骤，缺一不可。

以上的翻译程式和《任务》中所提的语言学的翻译程式是截然不同的，其根源就由于两者对翻译的本质有不同的认识。

《任务》认为翻译是 SL 和 TL 两种语言的转换，所以研究的中心在于两种语言的对比和转换。其翻译程式如下：

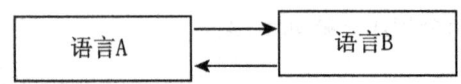

符号学的翻译观认为"翻译是以不同的语言符号表达同一的思想"。（也就是中国词典中翻译的定义"把一种语言文字的意义用另一种语言文字表达出来。"）研究的中心在于如何转换语言形式而保持意义不变。其翻译程式如下：

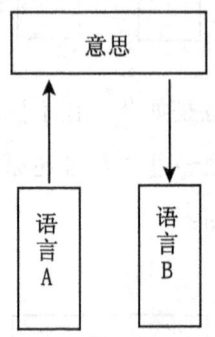

这两种不同的翻译程式必然产生截然不同的效果。按照前一个翻译程式，两种语言形式的矛盾是不可能得到解决的，按照后一个翻译程式，两种语言形式的矛盾通过统一的"意思"而得到转化，矛盾就自然地消失了。

事实上，我们实际的翻译工作正是按照这个程序做的。任何翻译都必须经过理解（语言 A 还原为思想）和表达（思想转化为语言 B）这两个程序，是缺一不可的。如果不理解原文的意思而只按照字面作机械的转换，这实际上不是翻译，奈达称之为机械的再转写（mechanical retranscription），机械的再转写是不可能完成翻译的任务的。当然，按照以上后一种翻译程式，有时也会出现原文与译文的意思和语言形式完全一致的情况（即一般所谓"直译"的现象）。但，这只能说是偶然的巧合，而不应作为翻译者追求的目标。翻译者追求的目标只有一个：意义的一致，如果在追求意义一致的同时，又刻意追求语言形式的一致，那就有可能形成翻译腔（translationese）——英化汉语或汉化英语——的译文的危险。

在这里，我想起了前辈翻译家陆殿扬先生在他的 Translation：Its Principles and Technique（《英汉翻译理论与技巧》一书 P.20）中所说的一段极其精辟的话：

我们的忠告是：首先透彻地阅读有关的句子或段落，理解它的意思，在你心中形成一个概念或意象。然后，合上你的书，用中文思考，把它当作你自己的思想表达出来。这样，你就不会受到外国语言的约束或限制，就能够自由地把原文的思想用中文表达出来。

短短两句话，充分说明了翻译的原理和翻译的程序：透彻理解原文的意思，然后用译文语言把它确切地衷达出来。其中有二句非常精辟的话"合上你的书"。我们相信，无论陆殿扬先生或者其他任何翻译家，决不会在翻译的过程中，不断地把书合上又打开的，这显然不是事实。为什么他偏偏要这样说呢？因为他有深刻的含义：合上你的书，就割断了原文语言形式和译文语言形式的任何牵缠，也就摆脱了一般所谓"直译"的影响。我相信这是陆先生长期从事翻译实践的心得体会，也是其他许多老翻译家的共同体会。

根据以上所说，翻译的基本概念就非常清楚了，概括起来就是两句话：透彻的理解和确切的表达—透彻理解原文的意思，用译文语言把它确切地表达出来。根据这一概念，那就没有必要将翻译强分为直译和意译而作各种不同的解释了。因为，那样只能使问题不必要地复杂化，而无助于对翻译的本质的认识。

巴尔胡达罗夫在他的《语言与翻译》中把翻译过程分为两个阶段，第一阶段是译者理解原文的意义；第二阶段用另一种语言手段表达原文的意义[1]，

---

[1] 参阅巴尔胡达罗夫（蔡毅等译）的《语言与翻译》第206页。

这和以上的翻译程式基本上是一致的。细节方面有些出入，当另文研讨。

我国钱钟书先生所说的"化"字，我体会，也就是这个意思：将原文语言的意思（包括风格 style①）化为译文语言表达出来——决不是两种语言文字的"字比句次"的转换。

翻译理论的范围和作用

"透彻的理解"和"确切的表达"这两句话，说起来很容易，但是真正要做到却不是容易的事，是一个十分艰繁复杂的任务。

所谓"透彻的理解"就是不仅要理解原文的字面意义（即，所指意义 referential meaning），还要理解它的内涵意义（connotative meaning）、比喻意义（frgurative meaning）和联想意义（associative meaning）（风格 style 可包括在联想意义内）等。这就不仅需要有充分的语言文字的知识，还要有不同的社会、文化、历史背景的知识，思维逻辑的知识，以及有关的各种专门学科的知识；这就牵涉到语言学、语义学、社会学、人类文化学、思维逻辑学，以及各种有关的专门学科。那是一个非常广泛，十分复杂的领域，但是，透彻的理解是我们学习任何文字资料，无论学术性的或非学术性的，所必须具备的一个基本要求，并不是由于翻译工作而产生的，也不可能通过翻译理论而得到解决的。是否应纳入翻译理论的范围之内呢？我国有一些学者认为，翻译理论应解决在翻译的全过程——从原文的理解以至译文的全部完成——中所产生的一切问题，因而，建议要成立一门包括（语言学、语义学、词汇学、语用学、文体学、文艺学、社会学、历史学、人类文化学、心理学、教育学、思维逻辑学、信息论、数控论，以及其他各种有关学科）的翻译学，据我所知，在东西方各国还没有出现这样一门包罗万象的翻译学。西方国家的所谓"翻译学"（translatology）实际上只是"翻译理

---

① 风格 style 是有意义的，奈达把它包括在联想意义内，我国钱瑗也说过，"Style is an integral part of meaning"（文体是意义的一个组成部分）（Vide Qiun Yuan, *Stylistics*. p. 6）。

论"的同义语。正如纽马克（Peter Newmark）所说："… a new… subject called Translation Theory ("Translatology" in Canada, *Traductologia* in Spain, *Ubersetzungswissenschaft* in German speaking countries; "Translation Studies" in Netherland and Belgium."① 我国某些学者的宏伟理想和远大目标是十分令人钦佩的，但是否有实现的可能？未免令人怀疑。

至于"确切的表达"，则属于写作艺术的范畴之内，不但需要有语言文字、语法修辞、文体风格等各方面广博的知识，而且还必须要有一定的写作修养和写作才能。那也不是凭翻译理论所能解决的问题。

从这里，我们也可以正确认识翻译理论所能起的作用。翻译理论只能使我们认识翻译的本质、原理和正确的翻译方法，但不能保证我们翻译的质量，因为翻译质量的高低主要取决于译者的理解能力和表达或写作的能力，这种能力是在长时期的学习和实践过程中培养出来的，决非一朝一夕之功。只凭翻译理论是不可能达到这个要求的。

反之，如果你有很高的理解能力和写作能力，但是没有正确的理论指导，也同样不可能很好地完成翻译任务。因为你不懂得翻译的原理和正确的翻译方法，就不可能充分发挥你理解和表达的才能，也就产生不出高质量的译作来。

最后，我要再重复一遍，翻译理论研究的探索途径是关系今后翻译理论研究成败的一个关键性问题。我希望每一位从事翻译工作的同志都能关心这个问题，给予认真的思考，并作出自己的答案来。本文探讨的中心就是：两条途径、两个翻译程式。

一、语言学的途径，翻译程式：

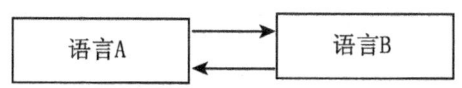

---

① *Vide* Peter Newmark *A Textbook of Translation*, 1988. p. 8.

二、符号学的途径，翻译程式：

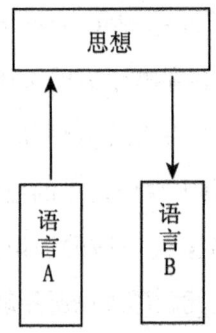

究竟哪一条是正确的途径？哪一个是正确的翻译程式？我诚挚地希望同志们给予严格的批评，深入广泛地展开争论，以期最终达到一致的正确的认识，使理论真正能发挥指导实践的作用，更好地推动我国翻译事业迅速向前发展！

附录：关于翻译的定义

《任务》认为翻译是 SL 和 TL 两种语言的转换①，意义也要转换②。

这种说法和中外各家对翻译的定义是不一致的，中外各家都认为翻译是以意义为中心的两种语言的转换。意义是不变的。例如：

1. 《现代汉语词典》中翻译的定义是"把一种语言文字的意义用另一种语言文字表达出来。"

2. 奈达（Nida）："Translating means translating meaning."（"翻译意味

---

① 见原文第 2 页右 1 行 "翻译作为一种语际转换（interlingual transfer）的行为，无不以特定的语言作为原语（SL），以特定的语言作为译语（TL）。"
② 参阅原文第 4 页，右例 3 行 "……意义构成及 SL—TL 意义转换……" 第 5 页左 9 行 "翻译理论的任务是对这种多向度的意义转换进行理论描述"。

着译意"① 灵活对等的翻译：改变原文形式，保留原文意思。②)

3. 纽马克（New mark）："Translating is rendering the meaning of a text into another, in the way that the author intended the text.③"（翻译是把一段话语的意义，按照作者所想的方式，翻译为另一种语言。）

4. 巴尔胡达罗夫："翻译是把一种语言的言语产物在保持内容也就是意义不变的情况下改变为另外一种语言的言语产物的过程"。④

根据我们实践的体会，在翻译过程中，意义是不变的，不能转换的，意义变了，就不成其为翻译了，例如："I love you". 译为"我爱你。"语言形式变了，由英语转换为汉语。但是意义并没有变，并没有转换。譬如说，我昨天对我爱人说"I love you"，今天对她说"我爱你"，她决不会怀疑我变了心的。《任务》中所说的"意义转换"，到底是什么意思？怎样转换法？想不明白。

（原载《外国语》1994 年 04 期）

---

① *Vide* Waard and Nida, *From One Language to Another*, 1986, p. 60.
② 谭载喜《奈达论翻译》第 126 页。
③ Peter Newmark, *A Textbook of Transldtion*, 1988. p. 5.
④ 巴尔胡达罗夫（蔡毅等译），《语言与翻译》. p. 4.

关于"It Is a Wise Father that Knows His Own Child"句的翻译

《中国翻译》1994 年第 1 期刊登刘云波同志《英谚中一种特殊句型的反译》(以下简称《刘文》)一文,指出朱生豪先生译此句为"只有聪明的父亲才会知道自己的儿子"是错译,应该译为"再聪明的父亲也未必了解自己的孩子。"究竟哪一种译法正确呢?

据我的认识,这一句是英语中的所谓歧义句(ambiguous、sentence),可以有两种不同的解释:

1. 按照一般语法结构的解释,可以译为:
   "只有聪明的父亲才能认识自己的孩子。"
2. 按照某些谚语句型的特殊用法,如:
   "It is an ill wind that blows nobody good."
   "任何坏事都不能对人人有害。"
   "It is a wise man that makes no mistakes."
   "任何聪明人也不免要做错事。""智者千虑,必有一失。"
   这一句也可以译为:
   "任何聪明的父亲也未必认识自己的孩子。"

究竟哪一种译法正确?这要看上下文意(context)及语境(situation)而定,

不可能一律作硬性的规定。

关于莎剧《威尼斯商人》第二幕第二场中的这一句的翻译，据我了解，有三种不同的译法，都是出于名家的手笔：

（1）朱生豪先生的翻译："只有聪明的父亲才会知道他自己的儿子。"

（2）梁实秋先生的翻译："只有聪明的父亲才认识他自己的儿子呢。"

（3）钱歌川先生的翻译："任何聪明的父亲都不见得完全知道自己的儿子的。"

现在再加上《刘文》所译，可以说是第四种译法：

（4）刘译："再聪明的父亲也未必了解自己的孩子。"

以上四种译法，究竟哪一种正确？

要解答这个问题，首先必须了解说话的背景。剧中说的是瞎眼的老高波（old Gobbo）到夏洛克（Shylock）家中去找他的儿子朗斯洛特（Launcelot），面对着自己的儿子不认识，反而问他"朗斯洛特在哪里？"儿子就故意戏耍瞎老子，骗他说朗斯洛特死了，下面是一段对话：

Launcelot: Do you not know me, father?

Old Gobbo: Alack, sir, I am sand-blind; I know you not.

Launcelot: Nay, indeed, if you had your eyes, you might fail of the knowing me: *it is a wise father that knows his own child.*

翻译如下：

朗斯洛特：你不认识我吗，老大爷？

老高波：唉，少爷，我是个瞎子；我不认识你。

朗斯洛特：吹，真的，你就是眼睛明亮，也不见得认识我：只有聪明

的父亲才认识自己的儿子呢。(梁实秋 译)

根据上下文意,梁实秋先生的译文似乎是文意通顺,容易理解的。后面这一句"只有聪明的父亲才认识自己的儿子",是解释前面的一句的(请注意,两句中间用的是冒号);只有聪明的父亲才认识自己的儿子,所以,即使你眼睛明亮,如果你不聪明,也不见得认识自己的儿子。如果,按照钱译为"任何聪明的父亲也不见得完全知道……"或者按照刘译为"再聪明的父亲也未必了解……"。那么,上下文意不贯通(前面说是"认识",后面改为"完全知道"或"了解",前后不符),意思就很难于索解了。而且,在这一段对话中,朗斯洛特戏耍他的瞎老子,完全是嘲弄的口吻,而这一句突然变为辩解的口吻,语气也不一致。

查英文原版的莎剧《威尼斯商人》(*The Merchant of Venice*),在这一句下面有一段附注,说这句话是套用十七世纪英国流行的另一句谚语而稍加变换(twisted version)。那句谚语是:

It is a wise child that knows its own *father*."[①]

因为孩子是母亲所生,在母亲怀抱里长大,有的孩子往往只知其母而不知其父,所以说"只有聪明的孩子才认识自己的父亲。"莎士比亚引用了这句谚语而故意把"child"和"father"二字颠倒一下,就更增加了诙谐的意味。

查新版《简明牛津谚语词典》(*Concise Oxford Dictionary of Proverbs*, New Edition, 1992)第278页,"It is a wise child that knows its own father"条下的论释,这一句话只能译为"只有聪明的孩子才认识自己的父亲";不可能译为"再聪明的孩子也未必认识自己的父亲。"

[①] 参阅: *The Merchant of Venice* Arden Edition. p. 39 footnotes: "It is...child"——This is a *twisted version* of the proverb "It is a wise child that knows its own father. (Vide M. C. Tilly's A *Dictionary of the Proverbs in England of the 16th and 17th Centuries* 1951, p. 309)

我在 1984 年曾写《望文生义》一文（刊《外国语》1984 年 2 期）；文中指出梁实秋先生对这句话的正确翻译和钱歌川先生的错译（刘译和钱译的意思基本上是一致的），我现在仍然是这样的看法。

（原载《中国翻译》1995 年 01 期）

诗歌的格律可以翻译吗？

什么是诗？汉语词典上说，诗是"一种文学体裁，通过有节奏、韵律的语言反映生活，发抒感情。"英语词典上说，"诗是一种有节奏的、有时是押韵的文学体裁，用以表达事迹、思想和情感。"（a rhythmical, sometimes rhymed, composition, expressing facts, ideas and emotions.）由此可见，在中外的诗歌中，音律，特别是节奏（rhythm），都是构成诗体的一个主要因素。没有音律，就不成其为诗体。各种不同的语言，由于其不同的语音特征，形成不同的诗体，是不可以强求一致的。因此，在诗歌翻译中就产生了一个问题：原诗的格律在译诗中是否能够表达出来？怎样表达出来？这是在诗歌翻译中长期争论而至今未能解决的一个难题。

关于这个问题，在我国翻译界一向有两派不同的主张。一派认为，诗的格律是不可译的。如吕叔湘先生曾说过："不同的语言有不同之音律，欧洲语言同出一系，尚且各有其独特之诗体；以英语与汉语相去更远，其诗体自不能苟且相同。"① 又如丰华瞻先生也说过："英语是重音语言（stress language），汉语是声调语言（tone language）。由于英汉两种语言有不同的语音特征，英诗汉译时移植英诗格律的效果是不好的。"② 而美国翻译学家奈达（Eugene A. Nida）则说得更为明确："诗的格律（rhythm），诗的离合特征（acrostic），有意采用的头韵形式，等等，都是不可翻译的语言现象。在这

---

① 此文是作者1994年11月在全国第三届英语诗歌翻译研讨会上的发言。
② 吕叔湘：《中诗英译比录》序言，上海外语教育出版社1976年版，第8页。

一点上，不同语言之间就是没有对应关系，因此，我们只好牺牲形式以保存内容。"①

另一派翻译家则认为诗的格律是可译的，尤其认为英诗的格律可以通过"以顿代步"的方式，即以汉语的顿代替英诗的音步（foot）移植于汉译诗之中，而再现原诗的节奏。这种"以顿代步"的论点由来已久。早在30年代初期，新月派诗人孙大雨②先生等就尝试用"以顿代步"的方法将英诗的格律溶入汉诗之中。他还讲了一个很有趣的故事：1931年秋，他采取商乃体（sonnet）的格式写了三首诗在《诗刊》上发表，然后送给胡适先生看，胡先生看了笑着说：这是西洋的缠小脚。这句话说得非常幽默，看来这位新体诗的创始者似乎也并不赞成这种西洋式的格律诗。③

后来卞之琳先生大力推进这种"以顿代步"的译法，广泛地运用于莎士比亚的诗剧以及其他名家诗作的翻译中，得到不少译诗家的赞赏，认为这是"以诗译诗"的唯一正确途径，纷纷起而效仿，形成译诗界一个很有影响的流派。

但是，这种"以顿代步"的方法究竟能不能体现原诗的节奏感和音乐性呢？这个问题需要我们作进一步深刻的探索。为了具体说明这一问题，我想引用一个实例加以分析，试以英国诗人汤姆斯·葛雷的《墓园挽歌》（*Elegy Written in a Country Churchyard*）为例，这首诗是葛雷的千古传诵的名诗，其首章尤为著名，原文如下：

> The curfew tolls the knell of parting day,
> The lowing herd wind slowly over the sea,
> The plowman homeward plods his weary way,
> And leaves the world to darkness and to me.

---

① 《翻译通讯》1981年第3期，第45页。
② 孙大雨：《莎士比亚的戏剧是话剧还是诗剧？》，《外国语》1987年第2期，第5页。
③ 谭载喜：《奈达论翻译》，中国对外翻译出版公司1981年版，第3页。

这一节写晚钟徐动,暮色渐暝,诗人独对黄昏,苍茫百感,渲染出全诗的哀婉悲凉的气氛。音节亦低徊婉转,情韵交融,读之悠然神往。所以,郁达夫先生曾说过,仅此四行,已足使葛雷不朽了。

译这样的名诗,要传达出原诗的意境和神韵来,是很不容易的。就我所知,有三种不同的译文,均出自名家之手笔:

译(1)　暮钟鸣,昼已暝,
　　　　牛羊相呼,迂回草径,
　　　　农人荷锄归,蹒跚而行,
　　　　把全盘的世界剩给我与黄昏。
　　　　　　　　　　　　——郭沫若 译

译(2)　晚钟殷殷响,夕阳已西沉,
　　　　群牛呼叫归,迂回走草径,
　　　　农人荷锄犁,倦倦回家门,
　　　　惟我立旷野,独自对黄昏。
　　　　　　　　　　　　——丰华瞻 译

译(3)　晚钟响起来一阵阵给白昼报丧,
　　　　牛群在草原上迂回,吼声起落,
　　　　耕地人累了,回家走,脚步踉跄,
　　　　把整个世界给了黄昏与我。
　　　　　　　　　　　　——卞之琳 译

以上三家译文,很明显,译(1)与译(2)是采取中国传统诗的格式;而译(3)则是移植英诗的格式,用"以顿代步"的方法,将原诗的每行5音步译成每行 5 顿，看起来似乎音节十分相似，到底它是否再现了原诗的节奏感呢？

要解答这个问题，首先必须弄清楚，什么是节奏（rhythm）。在《现代汉语词典》上，"节奏"是："音乐中交替出现的有规律的强弱、长短的现象。"英语《韦氏大词典》上，"节奏"是："在诗律中，基本上是一系列重和轻、长和短、或高和低的音节交替形式有规律地重复出现。"奥尔顿（R. M. Alden）在《诗学绪论》（*An Introduction to Poetry*）一书中说得更加清楚："节奏是时间运动的特征，因此也是一切以时间而不是以空间表现的艺术——舞蹈、音乐、诗歌的特征。当声音划分为相等的时距而各个时距的音节又有轻重之分时，就产生了节奏。……必须注意，要构成节奏，必须具备两个同等重要的因素：1. 相等的时距（equal time-interval）；2. 音节的轻重之分（stress and unstress）。如果一连串的声音，其音节有轻重或强弱之分，而时距不相等，听起来就不会有节奏感；如果时距相等而音节没有轻重之分，也不会有节奏感。所以每当节奏出现时，必然有这两个因素存在。"从以上的分析中，我们可以清楚地认识到，节奏存在于一切以时间表现的艺术之中，要构成节奏，必须具备两个条件：1. 节拍均匀（即时距相等）；2. 抑扬有致（即有轻重之分）。这两个条件是缺一不可的，不具备这两个条件，就不可能产生节奏感。

根据以上的标准，我们试将原诗和译诗的音节作一比较。原诗，每行 5 音步，每音步一抑一扬：

> The cur | few tolls | the knell | of par | ting day |,
> The low | ing herd | wind slow | ly o'er | the lea |,
> The plow | man home | ward plods | his wea | ry way |,
> And leaves | the word | to dark | ness and | to me |.

译诗，以顿代步，每行 5 顿：

晚钟｜响起来｜一阵阵｜给白昼｜报丧。｜
牛群｜在草原上｜迂回，｜吼声｜起落。｜
耕地人｜倦了｜回家走｜脚步｜踉跄，｜
把整个｜世界｜给了｜黄昏｜与我。｜

可以看出，原诗的音步，以音节（syllable）分，而不以词意分，每音步为二音节，一轻一重，即一抑一扬，完全符合构成节奏的两个基本条件：节拍均匀和抑扬有致，故读起来自然谐和，富有节奏感。

译诗的顿以词意分而不以音节分，故每顿的音节参差不一，又无轻重之分，完全不符合构成节奏的两个基本条件，故读起来节拍不匀，又无抑扬之致，这如何能再现原诗的节奏感呢？

我们知道，在英语中也有"顿"（pause），但它以词意分而不以音节分，"顿"与"音步"是两个不同的概念，决不可混为一谈。以上诗的前二行为例，如果按"顿"分，应为：

The curfew｜tolls the knell｜of parting day,｜
The lowing herd｜wind slowly｜o'er the lea,｜

同一诗行，按"音步"分为5音步，按"顿"分则为3顿。"顿"与"音步"是截然不同的，不可以相互替代。如果你对一位英国诗人说：你可以用 pause 代替 foot。他一定会大感惶惑。怎么到了汉语中，"顿"就变成了"音步"，而且还能产生同样的节奏感呢？这实在是很难理解的。

至于前面所引的三家译文中究竟哪一家的译文更好地传达了原诗的意境，体现了原诗的韵律呢？恐怕是见仁见智，各有不同的看法。就我个人而言，比较倾向第二种译文，它以汉诗的五言体代替英诗的五音步：

原诗，五音步：｜抑扬｜抑扬｜抑扬｜抑扬｜抑扬｜

译诗，五言（两句）：仄仄｜平平｜仄，｜平平｜仄仄｜平。｜
（｜抑抑｜扬扬｜抑｜扬扬｜抑抑｜扬｜）

  原诗有 10 个音节，分为 5 音步；译诗也是 10 个音节，分为两句 5 言。所以在节拍上极为相近。汉语中没有"轻重音"之分，故以"平仄"表示"扬抑"；汉诗体以"仄仄平平"为基调，也就是"抑抑扬扬"的节奏，这基本上也符合于"节拍均匀"和"抑扬有致"这两个基本条件，所以读起来自然谐和，也具有节奏感。

  从上面的比较中，我们也可以认识到各种语言根据其不同的语音特征而形成不同的诗体格律，这种格律，正如奈达所说，是不可翻译的语言现象。所以，英诗中以"一抑一扬"为基调的音步不可能移植到汉诗中来，正如汉诗中以"平平仄仄"为基调的格律不可能移植到英诗中去一样。

  我国传统诗歌以"平平仄仄"为基调的五七言诗体，并不是古代哪一位诗学权威制订出来的，而是诗歌在几千年演变发展过程中自然形成的。因为它符合汉语语音的特征和节奏规律，为广大群众所接受，所以能够广泛而长远地流传下来（后来的宋词、元曲以至民间歌谣，也都是以"平平仄仄"为基调而在句行长短上有所变化）。时至今日，虽然新体诗中已完全排斥了这种格律，但它在广大人民之中仍然有着深厚的基础，无论在现代戏曲、曲艺、评弹还是民间歌谣中，仍然以这种五七言体作为基调，而为广大群众所喜闻乐见。例如风靡全国的《四世同堂》主题歌："千里刀光影，愁云满九城；……为雪国耻身先去，收拾河山待后生。"基本上就是五七言体。又如，现代京剧《红灯记》中李玉和的脍炙人口的唱段："临行喝妈一杯酒，浑身是胆雄赳赳……"也是七言体。民间歌谣中如："东边日出西边雨，道是无情却有情"，"大水冲了龙王庙，一家（人）不识一家人"等等，也都是这种格调。这种为群众喜闻乐见的格调，若轻率地加以更改的话，恐怕群众是接受不了的。譬如说，李玉和的唱段"临行喝妈一杯酒……"如果有哪位诗人用"以顿代步"法改为5音步:"临走的·时候·喝了·妈妈的一杯酒",恐怕演员就无法张嘴,观众也只好退票了。所以,笔者认为,一种语言的诗体,必须符合其语音特征和节奏规律,为广大群众所接受,才能成立,而决不是几位诗家所能任意制订出来的。

最后,必须说明一点:诗歌的翻译自然应以传达诗的意境为第一要义,而诗的格律毕竟还是第二位的问题。有时,为了确切传达原诗的意境,必须摆脱格律的束缚,那么,采取自由诗的格式是完全可以的。如果那样,就不必要煞费苦心地去推敲什么"平平仄仄",也不必要费尽脑筋去寻求什么"以顿代步"了。如果按照胡适先生的说法,那么,无论中式的小脚还是西洋的小脚,似乎都可以抛弃的。

(原载《国际关系学院学报》1995年02期)

丢掉幻想　联系实践

——揭破"翻译（科）学"的迷梦

《中国翻译》1995年第4期刊登张南峰先生《走出死胡同，建立翻译学》一文（以下简称《走》文），《外国语》1995年第3期也刊登了同名文章；两篇文章都指出，现有的各种翻译标准，大都是片面的、不切合实际的。"大多过分强调忠于原文或原文的某些方面，而忽略了影响译文面貌的其他因素。"所以，翻译理论研究已"走进了一条死胡同"。其唯一的出路是建立一门独立的、综合性的"翻译学"。这个"翻译学"的宏伟规划是翻译学家福尔摩斯（Holmes）先生在1972年提出来的，其主要内容是：

"翻译应分为三个分支：描述翻译学、理论翻译学、应用翻译学。描述翻译学的任务是，描述在我们身外的世界上出现的翻译现象，包括译本的特点、译本在译语社会文化中所起的作用以及翻译的过程。理论翻译学的任务是利用描述翻译学的研究成果，并结合相关学科提供的资料，总结出一些原则、理论和模式，以解释和预测一切在翻译范畴之内的现象。应用翻译学则包括翻译教学、工具制作、政策研究、翻译批评四个方面。"

以上的规划，其设想之宏伟，规模之浩大，任务之艰巨，理论之玄妙，实前所未有，使人难于想象，更无法理解。自从1972年提出以后，到现在已经有23个年头了，但那个宏伟的"翻译学"至今仍渺无踪影，也不知何年何月才能实现。而翻译实践中的基本问题一个都没有解决，甚至最根本的"什么是翻译"的问题也搞不清楚（参阅《走》文，2，扩大研究范围，

第一节)。人们不禁要怀疑:究竟 23 年"翻译学"的研究解决了什么问题,起了些什么作用呢?当初福尔摩斯先生提出这个宏伟的规划,到底有没有确切的事实依据,说明它可能实现;或者,只是凭着他的丰富的想象力,虚构出一个神话般的幻梦,借以眩人耳目,而实际上永无实现之可能呢?

由此,我联想到在我国翻译理论界也有类似的情况。早在 40 多年前,前辈翻译家早就提出建立翻译学的宏伟目标。40 多年来,不少翻译家不断提出建立"翻译学"的宏伟规划,而且规模越来越大;但是,至今,那些设想的"翻译学",就像福尔摩斯先生的"翻译学"一样,仍然是一个渺茫的梦想。面对着这样的情况,人们不能不感到迷惘,因而,产生疑问:到底什么是"翻译学"?它包括什么内容?要解决什么问题?如何解决?有没有实现的可能?

什么是"翻译学"

"翻译学"(Translatology)这个词,在汉语词典和英语词典上都找不到,不知道它是什么意思。我只记得英国的译学家纽马克(Peter Newmark)说过一段话:

"出现了……一个新的科目称为 Translation Theory(翻译理论),加拿大称为 Translatology(翻译学),西班牙称为 Tranductologia(翻译学),在德语国家中称为 Ubersetzungs wissenschaft(翻译科学),在荷兰及比利时称为 Translation Studies(翻译研究)。"①

据上所述,原来在西方国家中"翻译学"与"翻译理论"本是同义语,只是各个国家的习惯用法不同而已。在我国翻译史上,传统的翻译理论本来就很丰富,而近代的翻译理论著作更是不计其数。从这个意义上说,我国的"翻译学"早已产生,而且十分丰富,就不必另起炉灶去创立什么

---

① Peter Newmark, *A Textbook of Translation*, 1985, p. 5.

"翻译学"了。

但是,有的同志不同意这种说法,认为"翻译学"不是一般的翻译理论,而是一门**科学**——"研究翻译的科学"。"翻译学是全面而系统地研究翻译中**双语转换规律**的科学"①,其任务是"揭示翻译过程的**客观规律**,探求关于翻译问题的客观真理,给实际翻译工作提供行动指南"②。什么叫"客观规律"?客观规律就是:脱离人的主观意识,客观存在于事物本身中的规律。那么,我们首先要问一问:翻译是不是受客观规律支配?翻译能不能成为科学?

翻译能不能成为科学?

在西方翻译界,很早就有人提出"翻译科学化"的设想。但是,真正从事实际的建立翻译科学工作的,当以美国的奈达(Eugene A. Nida)博士为第一人。在他1964年出版的《翻译科学探索》(*Toward a Science of Translating*)一书中,就全面地系统地提出了他创立翻译科学的规划。但是,到了70年代,奈达就放弃了他的翻译科学的计划,断言翻译是艺术而不是科学。他在1974年出版的 *The Theory and Practice of Translation*(《翻译理论与实践》)一书中,卷首就开宗明义地宣称:

" ... translating is far more than a science. It is also a skill, and, at the ultimate analysis, fully satisfactory translation is always an art. "(翻译的含义远比科学为大。它也是一种技能。但归根到底,完全令人满意的翻译始终是一种艺术。)③

从此,他绝口不再谈翻译科学。为什么奈达断言翻译不是科学而放弃了翻译科学的计划呢?要说明这个问题,我们必须首先明确,什么是翻译

---

① 见刘重德《关于建立翻译学的一些看法》,《外国语》1995年第2期,第28页。
② 见谭载喜《必须建立翻译学》,《中国翻译》1987年第3期第4页。
③ Nida, *The Theory and Practice of Translation*, 1974, p. VII.

的本质?

翻译的本质

什么是翻译？有的同志认为，翻译是原语（source language）与译语（target language）两种语言之间的转换（interlingual transfer）。这种提法是不确切的，因为两种语言之间直接的转换是不可能的。（详见后文说明）更确切地说，"翻译是把一种语言文字的意义，用另一种语言文字表达出来。"①从现代符号学的观点说，翻译的实质就是以两种不同的语言符号表达同一的思想（意思）。因此，翻译的中心任务，就是再现（reproduce）原文的思想，而不是原文的语言符号。

各种不同的语言符号系统的形成，并不是根据统一的原则，科学地、系统地制订的，而是各个语言社会在历史发展过程中自然形成的，任意性②是其主要特征。"约定俗成"起着主导作用。所以，在各种不同的语言符号系统之间找不到共同的规律，两者之间的关系是异常错综复杂，而且变化不定的：

（1）各个符号单位，"词"的意义，不是固定不变的，是随着上下文和语境的不同而随时变化的；因此，它在另一语言中的对等词也随之而变化。例如：

"book"一字的意义是不断变化的，不能一律译为"书"字：a good book 一本好书，an exercise book 练习本，a note book 笔记本，book keeping 账本，booking office 售票处，book maker 登记赌注者。

又如"good"一词，它的变化就更多了：good (fertile) soil 肥沃的土壤，good (fresh) eggs 新鲜的鸡蛋，good (amusing) joke 有趣的笑话，good (genuine) gold 纯金，good (handsome) looks 漂亮的外表，good (devoted) Chris-

---

① 见《现代汉语词典》第 294 页。
② 参阅乐眉云《索绪尔的符号学语言观》，《外国语》1994 年第 6 期，p. 17。

tian 虔诚的基督教徒，good（wholesome）exercise 健康的运动，good（competent）worker 合格的工人，good（convincing）excuse 巧妙的托词，good（sumptuous）dinner 丰盛的筵席，good（happy）life 幸福的生活，in good spirit 精神焕发、兴高采烈，good for nothing 一无用处，good for everything 无所不能，good and hard 狠狠地，good and sure 确确实实地，good and proper 完全地、彻底地。

以上各个"good"词，决不可以一律硬性地译为"好"字。

（2）符号组合，即"句"的意思，也不是固定不变的，而是随着不同的上下文和语境而时时变化的：

（a）同一句子在不同的上下文和语境中，可以表达各种不同的意思。例如：

"The police were ordered to stop drinking after midnight."

可以作四种不同的解释：

1. 警察奉命阻止人们半夜后饮酒。

2. 警察奉命半夜后停止饮酒。

3. 半夜后警察奉命阻止人们饮酒。

4. 半夜后警察奉命停止饮酒。

（b）同一意思，可以用各种不同句型表达。

例如：

"他的行动快得惊人"。

此句可以用五种句型表达：

1. He moved astonishingly fast.

2. He moved with astonishing rapidity.

3. His rapid movements astonished us.

4. The rapidity of his movements was astonishing.

5. He astonished us by the rapidity of his movements.

（c）同一意念，可以采取各种不同的表达方式。

例如:"我的父亲死了"这一意念可以有四种表达方式:

1. My father has died.

2. My father has passed away.

3. My father has joined the heavenly choir.

4. My old man has kicked the bucket.

正因为各种语言系统的符号与符号组合之间存在着如此错综复杂而且变化不定的关系,所以要在两种语言之间直接进行符号对应的转换是不可能的,也是没有意义的。

现代西方语义学家(semanticists)认为语言就等于是思想的电码(code),说:"我们说话就是把思想译成电码(encoding),而理解说话的意思就是把语言解译(decoding)而还原为思想。"① 这句话正确地说明了语言和思想的关系。

假如我们有两本电码(电码 A 与电码 B),要在两个不同的电码之间直接进行对等的转换是不可能的,必须经过解码(decoding)——将电码 A 解释为文字,再译码(re-encoding)——将文字转译为电码 B。

在两种语言之间进行翻译也是如此。在不同的语言符号之间直接进行对等的转换是不可能的;必须经过"语言符号转化为思想"和"思想转化为另一语言符号"这两个程序。第一个程序就是理解(comprehension),第二个程序就是表达(expression)。

任何翻译都必须经过**理解**与**表达**这两个程序,即透彻理解原文的意思,然后用译文语言确切地把它表达出来。这两个程序是缺一不可的。如果不理解原文的意思而只按字面作机械的转换,这实际上不是翻译,奈达称之为机械的再转写(mechanical transcription),机械的再转写是不可能完成翻译任务的。当然,这样做有时也会出现原文与译文的意思和语言形式完全一致的情况(即一般所谓"直译"的现象)。但这只能说是偶然的巧合,而

---

① Encyclopedia Britannica Vol. 16, Semantics, p. 510, L. 1.

不能作为翻译追求的目标。翻译追求的目标只有一个：意义的一致。如果在追求意义一致的同时，又刻意追求语言形式的一致，那就必然要形成一种非驴非马的文字，而不能表达出原文的意思来。所以，当代学者钱钟书先生在他的《管锥篇》（第三册，1101页）中，论"信、达、雅"的涵义时，说过一句警语"信必得意忘言"，也就是这个意思，可谓一针见血。

正确的道路？

根据以上的分析，我们认识到，在两种语言之间，直接进行对等的转换是不可能的。因此，也不存在什么双语转换的规律。

任何翻译都必须经过：（1）语言转化为思想；（2）思想转化为另一语言。这两个程序也就是：（1）理解（原作的思想）；（2）表达（进行再创作）的程序。这就说明，任何翻译过程都必须通过人的创造性的思维活动；在这一过程中，主观能动性起决定作用，而不受客观规律[①]的支配。在实际翻译工作中，我们知道，任何一个原本，经过各个翻译家的翻译，必然产生许多不同的译本，不可能有完全相同的译本，也不可能断定哪一个是标准的译本。这就以具体事实说明翻译活动是不受客观规律支配的。所以，翻译不可能成为科学。

正由于这个缘故，所以，奈达博士自70年代起就断然放弃了翻译科学的理想，而福尔摩斯先生却空谈了23年的翻译学而一无所成。

我们今天进行翻译理论研究，究竟应该走哪一条正确的道路？奈达博士的道路？或者，福尔摩斯先生的道路？这是一个根本性的问题，是值得我们深思的。

当然，现代科学技术的发展是不可限量的；将来也许有一天，人工智能（artificial intelligence）完全取代了人的大脑思维，翻译实现了全部机器

---

① 客观规律，即：不以人的意志为转移、客观存在的两种语言转换的固有的规律。

化。到那时候，建立翻译科学是不成问题的。但是，那是遥远的、渺茫的未来的事，现在似乎还谈不到。

丢掉幻想　联系实践

我们知道，理论与实践必须密切结合。脱离实践的理论是空洞的理论；没有理论指导的实践是盲目的实践。今天我们翻译界的实际情况是：一方面大量进行盲目的实践，另一方面则不断制造空洞的理论。这是最可悲的现象。我们必须大力扭转这种局面。首先，我们必须在当前的翻译实践的基础上，集中力量、实事求是地研究和解决翻译理论的基本问题，即 why（为什么），what（是什么）和 how（怎么办）的问题，通过广泛的研究讨论，达到共同的、一致的、正确的认识，然后，在这个可靠的基础上，逐步建立起完整的翻译理论体系来。这是我们从事翻译理论建设的唯一的、正确的道路。如果我们脱离了当前翻译实践的基础，只凭着主观想象，妄图凭空建立起一门空中楼阁般的翻译（科）学来，那注定是要失败的，这是一条最可悲的、危险的道路。

（原载《中国翻译》1996 年 02 期）

意译论

——学习梁启超先生翻译理论的一点体会

谈到我国传统的翻译理论，人们莫不以严复先生的"信达雅说"作为代表。近百年来，翻译界一向奉为圭臬，直到今天，仍然有人认为"还是'信、达、雅'好。"其影响之深远，实在是无与伦比的。但是，当日严老先生写《天演论·译例言》这篇文章，只是根据他翻译《天演论》的经验，谈谈自己的感想，并不想建立一个翻译理论体系，所以他只是按照自己的心得体会，提出"信、达、雅"这个抽象的概念作为一般翻译追求的目标。但是对于翻译理论的基本问题：如翻译的本质（what），翻译的方法（how），翻译的原理（why），却并未作任何明确的指示。因此，后之译者往往可以对严先生的论点作各种不同的解释，以适合自己的需要。所以，它实际上未能起到统一的指导翻译实践的作用。

例如对于翻译的本质问题，严先生说：

译文取明深义，故词句之间，时有所颠倒附益，不斤斤于字比句次，而意义不倍本文，故曰达旨，不云笔译，取便发挥，实非正法。

他认为他译《天演论》,在语言形式方面作了不少改变，以保持原文的意义不变，所以只能说是"达旨"（达意）而不能称为翻译。那么，人们不免要产生疑问：如果"达意"不能算是翻译，要怎样才算翻译呢？是不是"达意"之外,还要"达形"(语言形式一致)呢?这是否可能呢?有这样的一种翻译吗?

关于翻译的方法问题,严先生说,"译文取明深义,故词句之间,时有所颠倒附益,不斤斤于字比句次,而意义不倍本文。"似乎他是主张"意译"的。但他接着又说,这不是翻译的正法,那么,要怎样才是"正法"呢?是不是"意译"同时又要"直译"呢?那是怎样的一种译法呢?

这些都是翻译理论中的关键性问题,也是后世译者所长期纷争而至今未能达到共识的问题。这些关键性的问题如果没有一个统一的、正确的认识,要求翻译水平普遍的提高,显然是不可能的。

在这些方面,我最近学习了严先生同时代的另一位伟大学者梁启超(任公)先生的翻译理论,得到不少启发,觉得他的一些精湛论点似乎可以补严氏译论之不足。

任公先生是中国近代史上一位卓越的政治家、思想家、学术家,其学识宏博,淹通中西,举凡哲学、政治、历史、文学以至宗教各个方面,无不精研,著作等身,并不专以翻译家名世。但是他早岁投身变法维新,力主引用西学,即致力于翻译工作,主编《时务报》,创立译学馆多其后复周游日本及欧美各国,以沟通东西文化为己任;晚岁主讲清华大学研究院,又曾潜心研究佛教文学之翻译,故其于翻译一道,实三折其肱,造诣精深。他所写的两篇关于翻译的论文,《论译书》及《翻译文学及佛典》,洋洋数万言,其内容之丰富,范围之广博,研讨之精微,实前辈翻译家译论中所仅见。但是,我国翻译理论研究者,对于这样一份宝贵的理论遗产,至今还没有能够进行系统的研究而撷取其精华,这实在不能不引为憾事。我自己对于任公先生的译论学习不够,领会不深,实在不敢说有什么研究心得多只是就个人的管窥蠡测之见,略呈一得之愚,以供当世研究翻译理论诸君参考而已。

关于翻译的本质问题,任公先生在《论译书》文中说:

> 凡译书者，将使人深知其意，苟其意靡失，虽取其文而删增之，颠倒之，未为害也。然必译书者之所学与著书者之所书相去不远，乃可语于是。近严又陵所译《治功》，《天演论》，用此道也。①

他明确指出翻译就是要"达意"，只要意义不变，语言形式作任何增删改变都是可以的，同时乡他也肯定了严译《天演论》是成功的翻译（与严先生自己的看法不同）。这就明确了翻译的本质就是"达意"，比起严先生所说的"达旨不是翻译"那种含糊的说法来，就明确得多了。这与现代西方译学家如奈达（Eugeue A. Nida）所说"翻译就是译意"（Translating means translating meaning）②的论点，其含意也是一致的。

对于严先生的"信、达、雅"，任公先生是极为推重的。他说：

> 近人严复，标信达雅三义，可谓知言。然兼之实难，语其体要，则惟先信然后求达，先达然后求雅。③

他指出"信达雅"三词中，首要的是"信"、"达"和"雅"必须建立在"信"的基础之上。这与近世学者如朱光潜、钱钟书、艾思奇先生等的论点都是一致的，所谓"信"，实际上就是"保持原文的意义不变"，也就是"达意"。

关于翻译的方法问题，也就是直译和意译的问题，任公先生有一段非常精辟的话，可以说是中国古代翻译历史演变的概括：

> 翻译文体之问题，则直译意译之得失，实为焦点。其在启蒙时代，语义两未娴洽，依文转写而已。若此者，吾名之未熟的直译。稍进，

---

① 见《翻译研究论文集》（译协《翻译通讯》，编辑部编），1984年，第18页。
② Waard & Nida, *From One Language to Another*, p. 60.
③ 见《梁任公近著第一辑》中卷，"翻译文学与佛教"第248页。

则顺俗晓畅,以期弘通,而于原文是否吻合,不甚措意。若此者,吾名之为未熟的意译。然初期译本尚希,饥不择食,凡有出品,咸受欢迎。文体得失,未成为学界问题也。及兹业渐甚,新本日出,玉石混淆。于是求真之念骤炽,而尊尚直译之论起。然而矫枉太过,诘鞫为病,复生反动,则意译论转昌。卒乃两者调和,而中外醇化之新文体出焉。①

他首先指出,在启蒙时期的翻译,"依文转写"而"语义两未娴洽"。这就是说,译者依照原文作逐字逐句的硬译,结果词句不通,原文的意义也不能传达出来。他首先标举出"依文"和"达意"的矛盾问题。所谓"依文"就是要求"语言形式的一致","达意"就是要求"意义内容的一致"。两者不可得兼。往往要求"依文"就不能"达意",要求"达意"就不能"依文"。这是翻译中长期存在的一个基本矛盾问题。"直译"和"意译"的矛盾问题也是由此而产生的。接着,任公先生分析在翻译历史发展过程中的各个时期,有时趋向于直译,有时趋向于意译,不断地擅变演化,原因都在于侧重"依文"和侧重"达意"观念之不同。这就揭示了翻译历史发展过程中一切变化和争议的根源。这是非常精辟的论点。

在西方翻译史上,其演变发展的情况亦正复如此。正如奈达在总结西方翻译的历史发展时所说:

在不同的时期,不同的国家,人们对翻译的观念,尽管有很多变化,可是两种基本争论却始终存在。只是所表现的紧张程度不同罢了。……基本争论就是:(1)直译还是意译?(2)以形式为主,还是以内容为主?②

---

① 见《梁任公近著第一辑》中卷,"翻译文学与佛教",第104—105页。
② 见《中国翻译》,1986年第4期第74页。

这一段的分析和以上任公先生对中国翻译发展史的分析，何其相似也。于此可见，无论古今中外翻译发展史上一切争议的焦点都不外乎直译还是意译的问题，或者说，以形式为主（依文）还是以内容为主（达意）的问题。时至今日，这个基本矛盾问题仍然没有解决。各派翻译家都有不同的看法，议论纷纭，未能达成共识。

在西方翻译界近年来有一种趋势是主张直译与意译相结合，或者说，直译基础上的意译，这可以以奈达近年的论点为代表。奈达在他的近著《从一种语言到另一种语言》（*From One Language to Another*）一书中说，功能对等（functional equivalent）的翻译，要求"不但是信息内容的一致，而且，尽可能要求形式的对等"（not only an equivalent content of message, but, in so far as possible, an equivalent of the form.）。① 他认为，一般应保持原文的语言形式（即直译），只有在直译意义不明等五个条件下，才可以改变原文的语言形式而采取意译。② 这实际上就是直译基础上的意译法。英国的译学家纽马克（Peter Newmark）也有类似的主张。我国有一些译学家也提出相似的意见。③ 我自己过去服膺奈达的学说，曾撰文支持这种直译基础上的意译法。④

但是，在这一问题上，任公先生的结论与奈达的主张是显然不同的。任公先生说，"卒乃两者调和⑤，而中外醇化之新文体出焉。"他认为最终会出现一种中外醇化的新文体，以解决这个矛盾问题。这种"中外醇化的新

---

① Nida, *From One Language to Another*, p. 11.
② Vide Nida, *From One Language to Another*, pp. 38, 39.
③ 例如：刘重德 "*Literal Translation and Free Translation.*"（刊《外国语》1990 年第 4、5 期）。
④ 劳陇《从奈达翻译理论的发展谈直译与意译问题》（刊《中国翻译》1989 年第 3 期）。
⑤ 任公先生所说的"两者调和"是指文体而言的，因为任何优秀的佛经翻译，在文体上必然是汉梵两种文体并存的。有的句子是纯粹的汉体，也有的句子是梵体（与汉体一致的梵体），所以说"两者调和"，但是就翻译方法而言，则不可能"直译"与"意译"两者调和，而只能是"意译"——即透彻理解原文的意思，用汉文体把它表达出来，不可能同时运用汉、梵两种文体，有的句子可能与梵体也是一致的，那只是偶然的谐合，并不是有意为之的。任公先生所最推崇的玄奘大师的翻译，就是这种译法。在后文中有详细说明。

文体"是什么样的形式,采取什么样的译法,任公先生未作具体说明,也没有举例示范,我们很难作主观的臆测。但是,我们知道任公先生所最推崇的翻译家是玄奘大师,他说:"玄奘义净自揽元匠,此则译业所由造于峰极也。"所以,从玄奘的翻译中,我们不难体会到所说的"中外醇化之新文体"是什么样的形式,什么样的译法。

玄奘关于翻译的标准,提出八个字:"既须求真,又须喻俗。"也就是说,译文必须忠实表达原文的意思,而文字必须通俗明白,易于为读者所理解。为了达到这个要求,玄奘采取的翻译方法,不同于他以前的译师,时人称之为"新译"。对此,道宣的《续高僧传》中有一段很生动的描述:

> 自前代以来,所译经教,初从梵语倒写本文,次乃迴之顺同此俗;然后笔人观理文句。中间增损,多坠全言。今所翻传,都由奘旨。意思独断,出语成章。词人随写,即可披玩。①

这就是说,在玄奘以前的译师,都是先按照梵文的语法结构直译成为汉文,再按汉文语法结构改写,复加以润色(这似乎有点近于奈达所说的"直译基础上的意译法"了)这种译法"中间增损,多坠全言"。也就是说,中间有所增删,往往失去原意。所以玄奘改变了这种译法,"今所翻传,都由奘旨。意思独断,出语成章。词人随写,即可披玩。"也就是说,由玄奘一人负责,融会贯通了原文意思,译为汉语,嘴里念出来,便出口成章。笔者记录下来,就成为完善而可读的译文了。这种译法,显然是意译而不是直译。但它不是一般浮泛的意译,而是一种融会贯通了原文的意思,既精确而又流畅的醇化的意译。

现代印度的著名学者柏乐天教授对玄奘的翻译有极深刻的研究,推崇备至,他说,"无论从哪方面看来,玄奘是古今中外最伟大的翻译家,在中

---

① 见《梁任公近著第一辑》中卷"翻译文学与佛典"文,第114页。

国以外没有过这么伟大的翻译家。在全人类的文化史上，只好说玄奘是第一个伟大的翻译家。中国很荣幸的是这位翻译家的祖国。只有伟大的中国才能产生这么伟大的翻译家。"① 他又说，玄奘的翻译是"把原文读熟了嚼烂了，然后用适当的汉文表达出来。"② 这句话非常形象化地说出了玄奘的意译法的精髓。

玄奘的意译法，与奈达所说的"直译的基础上的意译法"，显然是不同的，究竟哪一种是正确的译法，恐怕见仁见智，各人有不同的看法。我不想在这里作武断的定论。我只想说明一点：玄奘的这种意译法，和现代符号学的翻译观，却是完全一致的。

关于现代符号学的翻译观，我在《试论现代翻译理论研究的探索途径》一文（刊于《外国语》1994年第4期）中已作了详细的阐述，在这里不再复叙。只就其要义，作概括的说明如次。

现代符号学的理论首先明确了语言与思想的关系，指出语言只不过是表达思想的一种符号系统（还有其他的符号系统）。③ 语言与思想并不是统一体，不可能构成"形式"与"内容"的关系。这就否定了过去翻译家普遍认为语言是形式和思想（意）是内容的错误观念。这样，就消除了翻译中长期存在的形式与内容的矛盾问题，也就解决了直译与意译的矛盾问题。

根据符号学的论点，翻译的实质就是以不同的语言符号表达同一的思想。翻译的目标当然是准确地重现（reproduce）原文的思想（意义）而不是重现原文的语言符号。

各种不同的语言符号系统的制订，不是根据统一的原则科学地、系统地制订的，而是各个语言社团在历史发展过程中自然地形成的，偶然性占

---

① 见柏乐天《伟大的翻译家玄奘》（刊《翻译通报》第二卷，第五、六期）。
② 同上。
③ 正如索绪尔所说：语言是表达思想的一种符号系统，正如书写系统、盲文、哑语、军事信号等一样，不过语言是所有符号系统中最重要的符号系统而已。

着极大成分，而"约定俗成"起着主导的作用。所以，在不同的语言符号系统之间，找不到共同的规律；两种不同的语言符号之间的关系是极为错综复杂而且变化不定的，同一个语言符号单位，即单词，在不同的上下文或语境中有许多不同的意义，因此，在不同的语言系统中就有许多不同的对等词（equivalents），并不是固定不变的。同一个句子，在不同的上下文或语境中，可能有不同的意义；同一个意义可以用不同的句型来表达。所以说，"词无定义，句无定型"。正因为如此，所以，在翻译时，要在两种语言系统之间进行符号对应的转换是不可能的，也是没有意义的。

所以，西方的语义学家（semanticist）认为语言就是思想的代码（code），说我们"说话就是把思想译成电码（encoding），而理解说话的意思就是把电码解译（decoding）而还原为思想"（it appears that saying something involves encoding the thought and that understanding what one said involves decoding and recovering the same thought.）①。

假如我们有两本电码（电码 A 与电码 B），要在两个不同的电码之间直接进行对应的转换是不可能的，必须经过解码（de-coding）和再译码（re-encoding）两个程序。

在两种不同的语言之间的翻译也是如此。要在两种不同的语言符号之间直接进行对应的转换是不可能的，必须经过"符号还原为思想"和"思想再转化为另一种符号"这两个程序。第一个步骤就是理解（comprehension），第二个步骤就是表达（expression）。

任何翻译都必须经过理解（语言 A 还原为思想）和表达（思想转化为语言 B）这两个程序，两者是缺一不可的，如果不理解原文的意思而只按照字面作机械的转换，这实际上不是翻译。奈达称之为机械的再转写（mechanical transcription）。机械的再转写是不可能完成翻译的任务的。当然，这有时也可能会出现译文与原文的意思和语言形式完全一致的情况（即一

---

① *Encyclopedia Britannica*, Vol. lb "Semantics", p. 510, L. 11.

般所谓"直译"的现象)。但是这只能是偶然的巧合(happy coincidence),而不应作为翻译者追求的目标。翻译者追求的目标只有一个:意义的一致。如果在追求意义一致的同时,又刻意追求语言形式的一致,那就可能会形成翻译腔(translationese)——英化的汉语或汉化的英语——而达不到合格翻译(adequate translation)的要求。

前辈翻译家陆殿扬先生谈到翻译方法时,说过一段极为精辟的话:

"Our advice is: first read the sentence or paragraph thoroughly, try to understand it and form a thought or an image in your mind, next close your book, think in Chinese and see how you can express the thought as if it were your own. In this way, you will not be confined or restricted by the foreign words you see in the article, but can express freely the original thought in Chinese."① (我们的建议是:首先透彻地阅读有关的句子或段落,理解它的意思,在你心中形成一个概念或意象。然后,合上你的书,用中文思考,把它当作你自己的思想表达出来。这样,你就不会受到外国语言的约束或限制,就能够自由地把原文的思想用中文表达出来。)

这两句话充分说明了翻译的原理和翻译的程序:透彻理解原文的意思,然后用适当的译文语言把它确切地表达出来。其中有一句非常精警的话"合上你的书"。我们相信,无论陆殿扬先生或者其他任何翻译家决不会在翻译的过程中不断地把书合上又打开的。这显然不是事实。为什么他偏偏要这样说呢?因为他有深刻的含意:合上你的书,就割断了原文的语言形式和译文的语言形式的任何牵缠,也就消除了一般所谓"直译"的影响。

综上所述,翻译的基本概念,概括起来,就是两句话:透彻的理解(thorough comprehension)和确切的表达(correct expression)——透彻理解原文的意思,用适当的译文语言把它确切地表达出来。一切翻译都是如此;那就没有必要将翻译强分为"直译"和"意译",而作许多无谓的争论了。

---

① 见陆殿扬:*Translation: Its Principles and Technique*, p. 20.

以上所说的符号学的翻译观——透彻理解原文的意思,然后用适当的译文语言确切地表达出来——和前面所谈到的梁任公先生所最推崇的玄奘的意译法——"把原文读熟了嚼烂了,然后用适当的汉文表达出来"——岂不是似出一辙吗?

当代钱钟书先生在他的《管锥编》中谈译理时说过一句极为精辟的话:"故知'本'有非失不可者,此'本'不失。便不成翻译。"① 这里的"本"字指的就是"原文的语言形式",这句话就是说,"原文的语言形式必须改变,如果原文的语言形式不改变,就不成其为翻译了。"显然,他是主张意译,不赞成直译的。与玄奘的观点是一致的。

钱先生谈到"信、达、雅"时,他说:

译事之信,当包达雅,达正以尽信,而雅非为饰达,依义旨以传,而能如风格以出,斯之为信。②

他认为,"信、达、雅"三字当以"信"为核心,"达、雅"都包括在"信"之内。要怎样才能达到"信"呢?钱先生又说:

必信之必得意志言,则解人难索。③

这就是说,"要达到'信',必须得到原文的意思而忘却原文的语言,这个道理懂得的人不多。"说得更明确一点,那就是说,翻译必须准确地理解和表达原文的意思,而完全抛弃原文的语言形式,这岂不是纯粹的意译吗?

法国十八世纪著名的政论家孟德斯鸠(Montesquieu)谈到拉丁文的翻译时说过一句名言:"Difficulte de traduire: il faut d'abord bien savior le latin,

---

① 见钱钟书:《管锥编》第四册,第1283页。
② 同上。
③ 见钱钟书:《管锥编》第四册,第1283页。

ensuite, il faut l'oublier."（翻译的困难：首先必须很好地理解拉丁文，然后，必须忘掉它。）① 这就是说，首先必须很好地理解原文的意思，然后把原文的语言形式统统忘掉。这与钱钟书先生所说的"得意忘言"和陆殿扬先生的"合上你的书"，其含意岂不是完全一致吗？

玄奘大师（600—664），孟德斯鸠（法）（1659—1755），柏乐天先生（印），梁任公先生，钱钟书先生，陆殿扬先生，这几位古今中外的翻译大师，相隔千年，相去万里，可是他们对于翻译的方法，却不约而同地得出了一个共同的结论："翻译必须准确地理解原文的意思，而抛弃原文语言形式的束缚。"这难道是偶然的巧合吗？显然不是。这是因为他们的理论都是建立在翻译实践的基础上的。古今中外的语言文字和文体形式虽然千差万别，但是，就翻译而言，其作用和目的都是相同的，为了达到这个共同的目标，在翻译实践中必须采取同样的方法；所以，殊途同归也是理所必然的。这几位大师，恐怕都没有研究过现代符号学的理论，但是，他们的结论，与现代符号学的翻译观，却是完全一致的。这是因为现代符号学的理论也是建立在实践的基础上的。

从这里，我们更可以体会到理论与实践相结合的重要意义。"从实践中来，到实践中去"是我们从事翻译理论研究者任何时候都不能忘记的一条基本原则，脱离了这条原则，就必然要误入歧途而无以自拔。

最后补充说明一点：以上所说的意译的论点，只是翻译的一般原则，在特殊情况下，如果译文语言中找不到适当的词语以表达原文的意思，那么，借用原文的词语加以音译（transliteration）或意译，也是完全可以的。例如：沙发（sofa）、机关枪（machinegun）、纸老虎（paper tiger）……都是很好的例子。但这是属于借用语（borrowed words）或外来语的范畴之内，与一般所说的"直译"的概念，似乎还有所不同。

以上是我学习梁任公先生翻译理论并结合现代符号学翻译观的一点个

---

① Cf. Montesquieu, Cahiers 1716—1755, Grasset, 69.

人的心得体会，到底是否完全符合他老人家的原意，现在已无法证明，我只有希望广大的读者同志们根据各人的认识，结合实践中的体会，提出不同的意见，进行广泛的交流与商讨，以期最后达到一致的正确的共识，作为我们今后在翻译实践中共同遵循的准则。这是我衷心企盼的。

（原载《外国语》1996 年 04 期）

什么是翻译学（translatology）？
翻译科学（science of translating）？

——对翻译理论研究"沉寂期"的思考

1996年拙文《丢掉幻想·联系实际——揭破"翻译（科）学的迷梦"》(《中国翻译》1992年2期）发表后，据林璋先生《1996年中国翻译学研究综述》(《中国翻译》1997年3期）文中说，"提出了一个发人深思的问题"，掀起了一场全国性的"翻译学"热。各地翻译家纷纷撰文探讨这一问题。讨论的范围很广，涉及翻译学的含义，翻译的本质，翻译的方法，译文的标准，翻译研究的途径，翻译的跨学科性，等等复杂的问题。各位翻译家提出了不同的见解，各抒高论，言之成理，众说纷纭，莫衷一是。译论工作者面对着这许多错综复杂的论点，是非难辨，茫然不知所从。译论研究工作迷失了方向，遂陷于停滞状态。因此，有些译界人士认为，近年来我国译论研究工作，已陷入了一个"沉寂期"（或称"寂静期"）。这是有道理的。这"寂静期"三字，首先是1996年刘宓庆先生在一篇文章(《中国翻译》1996年6期）中提出来的。迄今历时已将三年，而我国译论研究情况，"沉寂"依然如故，未见转机。不能不令人感到忧虑。尤其因为，正如林克难先生所说(《中国翻译》1998年6期），西方译论研究正蓬勃开展，唯独我国的译论研究工作陷于"沉寂"之中。其原因何在？更值得我们深思。

"沉寂期"的根源

我国译论研究之所以陷入"沉寂期",其原因甚多,极为复杂,有历史的,社会的,思想的,语言文化的,各方面的因素。要对此作全面的分析与探索,远非我微薄的知识和能力所及。我只能,在翻译理论的范围内,指出形成"沉寂期"的一个主要原因就是:由于我国某些译论家混淆了"翻译学"和"翻译科学"两个不同的概念,造成思想混乱,指引了一条错误的,走不通的道路,致使翻译理论研究停滞不前,陷于"沉寂"之中。因此,首先我们必须明确区别"翻译学"与"翻译科学"两个不同的概念。

什么是"翻译学"(translatology)?

"翻译学"(translatology)是一个新铸的词,英语词典及百科全书上都没有这一个词条。其确切的含义不明。各位翻译家对此词的意思,有不同的理解;究竟孰是?孰非?无法判断。在这里,我只想引用中外翻译界两位权威性人士的话,作为参考。

一位是我国著名的老翻译家金隄先生说的话:

> 这门学问(翻译)在国外至今还没有一个获得一致承认的名称,也反映了这一争执的尖锐性。使用"翻译科学"(science of translation)的人似乎多一些,但是也有人坚持应该称"翻译艺术"(art of translation)。1978年,在比利时举行的一次国际研讨会之后,荷兰等国一些学者建议采用一个中性名词"翻译研究"(translation studies)。虽然有人响应,似乎也没有被普遍接受;可能因为它不像一个学科的名称,现在已有人提到创造——ology结尾的新词。看来这是个解决的办法。汉语在这一点上表现了优越性,不用造词,有现成的"学"字可用。即

使艺术与科学之争一时没有定局，我们照样可以把这门学问称为"翻译学"。①

另一位是国际译联前秘书长 R. 阿埃瑟朗教授说的话：

> 这倒是两个十分大胆的书名。（指中国出版的《翻译学》和《翻译学概论》）。如果说起这样的书名，表示作者对"翻译学"的一种探索，那是十分可贵的。实际上，世界各地的不少译论研究者都在作这方面的努力。奈达先生的 Toward a Science of Translating，就代表着这方面的探索。类似"翻译学"的说法，近年来常可以看到，英语中叫"Translatology"，法文叫"Traductologie"，如法国巴黎高级翻译学校就主编了一套丛书，叫做"Collection Traductologie"（翻译丛书）……就丛书和具体著作的内容看，还不能说是具体系统地构造"翻译学"的著作，就目前而言，"翻译学"只能看作是<u>不同途径、角度和方法的翻译理论研究的一种总称</u>。②

从上文所述，我们可以认识到，"翻译学"（Translatology）既不是"翻译科学"（Science of translation），也不是"翻译艺术"（art of translation），而是"<u>不同途径、角度和方法的翻译理论研究的一种总称</u>。"由此可见，"翻译学"并不是一门科学（science）。它只是一个学科（discipline）的名称，泛指一切翻译理论研究，就等于"翻译理论"或"翻译研究"。我国大学中，"翻译理论"这一学科本来就有；"翻译理论"的著作更不计其数。从这个意义上来说，<u>"翻译学"我国本来就有，不必再大张旗鼓地去建立什么"翻译学"了</u>。

<u>学科</u>（discipline, or, a branch of learning）与科学（science）是两个不

---

① 《翻译新论》，1993，第335页，湖北人民出版社。
② 许均：《一门正在探索中的科学》，第3页，《中国翻译》，1996年第1期。

同的概念，不能混为一谈。

<u>学科</u>："按学问的性质而划分的门类"（《现代汉语词典》）。"学科"的范围较广，泛指一切学问的门类，包括科学、文学、艺术在内。例如，大学中的学科包括"文科"与"理科"；"文科"就是 arts and literature（艺术与文学）理科就是 science（科学）。

<u>科学</u>："反映自然，社会，思维等的客观规律的分科的知识体系"（《现代汉语词典》）。必须是有客观规律的知识体系才能成为科学。

什么是"翻译科学"（science of translating）？

"翻译科学"是一门"研究翻译的科学"。怎样才能构成科学？首先必须要有客观规律，正如金隄先生所说：

"它（艺术与科学之争）的焦点是一个实质性的问题。翻译这一活动究竟是否受客观规律的支配？如果受客观规律的支配，那么即使我们现在还没有完全认识这些规律，我们也必须用科学的方法去加以研究，而如果这一活动主要靠独创，谈不到什么规律，那么我们只能把它当作一门艺术。"①

因此，问题的关键就在于<u>客观规律</u>。在翻译活动中没有探索到<u>客观规律</u>之前，我们是无法断定翻译是科学的。

西方译论学家并没有主张建立"翻译科学"（science of translating）的；在他们的论著中，也不用翻译科学（science of translating）一词。唯一用过翻译科学（science of translating）一词的，只有奈达博士（Dr. Eugene A. Nida）一人。因为他在六十年代曾经有过建立翻译科学的设想。在他所著的 *Toward a Science of Translating*（《走向翻译科学》）（1964）一书中，他试图运用乔姆斯基（N. Chomsky）的转换生成语法的原理，通过深层结构的分析，探索语际转换的客观规律，从而建立翻译科学。但他这一尝试未能

---

① 《翻译新论》，1993年，第335—336页。湖北人民出版社。

取得成功，语际转换的规律也未能找到。因此，他在1974年出版的 *The Theory and Practice of Translation*（翻译理论与实践）一书中就宣称：翻译不是科学，而是艺术。从此，他放弃了建立翻译科学的设想，再不提"翻译科学"（science of translating）一词。去年，1998年，他在答《外国语》记者问时，又重申了这一论点，认为翻译不可能成为科学。①

其他西方译论家并没有主张建立翻译科学的；在他们的论著中也不用"翻译科学"（science of translating）一词。在西方大学课程中，只有"翻译理论"（translation theory），或"翻译研究"（translation studies），或"翻译学"（translatology）（即，翻译理论研究）；从来没有"翻译科学"（science of translating）的课程。

我国译坛的特殊情况

在我国译坛上，有些译论家把翻译学（translatology）与翻译科学（science of translating）混为一谈。他们力主建立"翻译学"，认为"翻译学"就是"研究翻译的科学"，"翻译学是全面而系统地研究翻译中双语转换的规律的科学"②，其任务是"揭示翻译过程的客观规律……"。③但是谈了十多年的翻译（科）学，却始终未能探索出语际转换的客观规律来，后来，只好放弃而不谈了。

也有的译论家主张，通过两种语言学的对比找出规律来，建立科学的翻译理论体系。④但是探索了十多年，始终未能探索出语际转换的规律来，后来，他接受了其他同志的批评意见⑤，放弃了这条通过语言学对比探索规

---

① JFL Correspondent: *An Interview with Dr. Eugene Nide*.《外国语》,1998年第2期。
② 刘重德：《关于建立翻译学的一些看法》,《外国语》, 1995年第2期。
③ 谭载喜：《必须建立翻译学》,《中国翻译》,1987年第3期。
④ 刘宓庆：《中国现代翻译理论的任务》,《外国语》,1993年第2期。
⑤ 劳陇：《试论现代翻译理论研究的探索途径》,《外国语》,1994年第4期。

律的途径；说要寻找其他的途径探索语际转换的规律。① 但至今，还没有找到其他的途径。

近年来，在探讨"翻译学"的热潮中，也有些译论家认为"翻译学"就是"翻译科学"，撰写了长篇文章，阐述建立翻译（科）学的重要意义和理论依据。但是，对于构建科学的根本问题——如何探索客观规律的问题，却丝毫不谈。因此，这些空洞的理论，无法付之实践，结果就流为空谈。实际的理论研究工作无法推进，只能陷于"沉寂"了。

正确的道路

在翻译理论研究工作中，我们必须坚持理论与实践相结合的辩证唯物主义的道路，在翻译实践的基础上，研究解决翻译的 Why（为什么），what（是什么）和 how（怎么办）的基本问题，从而逐步建立起完整的翻译理论体系来。这是我们打破当前的"沉寂期"，使翻译理论工作正常开展的唯一的、正确的道路。

最后，我想引用奈达博士最近答《外国语》记者问时说的一段话，作为结束语，他说：

> It certainly is true that one cannot become a good translator without translating, even as a person cannot become a good swimmer without getting into the water. But theories should be built on practice, but many statements about the theory of translation are highly abstract and loaded with irrelevant terminology. Without examples of precisely what is meant by general principles couched in academic language, it is no wonder that students become disappointed with statements on translation theory. Accordingly, I am sympa-

---

① 刘宓庆：《翻译的美学观》，《外国语》，1996 年第 5 期。

thetic with those who find little or no help in books on translatlolgy. If a person clearly understands a process, it can always be described in simple words. Too often big words are employed to hide failures in understanding. (毫无疑问,一个人没有翻译的实践是不可能成为好的翻译家的,正如游泳一样,不下水不能成为好游泳者。理论必须建立在实践的基础之上。但是,现在有许多翻译理论文章都是高度抽象性的,充满了许多毫不相干的术语。用学术语言表达普遍的原理,而没有实践的例子阐释其确切的含义;无怪乎学生们看了这种理论文章要感到失望了。因此,我非常同情那些对于翻译学的书籍感到用处不大,或者毫无用处的人们。如果一个人确切理解了一个程序,总是可以用简单的语言把它表达出来的。空洞的大话,往往是用来掩盖思想认识上的无知。①)

这段话深刻地揭示了当前翻译理论研究工作的症结所在,可谓一针见血。语重心长,值得我们认真思考,引以为戒。

(原载《中国翻译》1999 年 05 期)

---

① JFL Correspondent: *An Interview with Dr. Eugene Nida*. 《外国语》,1998 年第 2 期。

劳陇先生给本刊主编的信

后尘先生著席,

  旧岁 12 月 26 日大教及贺年片均已收悉,谨此致谢。您于百忙中抽暇作复,详为讨论,尤使我深为感动。

  您发动对翻译学问题的广泛讨论,是非常必要和及时的。尤其因为现在翻译界对"翻译学"一词的涵义有许多误解。不通过广泛的讨论,就不可能消除误解而达到一致的正确认识。

  您主张采取开放政策,充分发扬学术自由,我十分赞成。尤其因为几十年来我国译论界一直为少数译论名家所控制,学术自由的气氛是非常薄弱的。有些名家提出了一些唯心主义的论点,不能加以批评,任其泛滥,以致形成今天的混乱局面。实令人痛心。实际上,名家们本身的主张,也是不断变化发展的,不是一成不变的。……所以,我们必须消除对翻译名家言论的盲目迷信,要充分发挥独立思考及自由批评的作用,才能消除谬误论点的消极影响,而使译论研究走上正轨。我衷诚拥护您发扬学术自由的主张。我相信,对于今后译论研究前途的发展,一定能起到积极推进的作用。

  黄振定博士的《翻译学:艺术论与科学论的统一》一书,无疑是一部浩瀚的翻译理论巨著。他根据辩证法矛盾统一的原理,提出了艺术论与科学论统一的论点,解决了长期争论的科学与艺术的矛盾问题,为翻译理论研究开辟了新的道路,其影响之深远是无法估计的。但我根据毛泽东《矛盾论》的原理详细审察，才认识到他对辩证法原理的理解是片面的，不完整的；因拟写《"翻译活动是艺术还是科学？"——对〈翻译学：艺术论与科学论的统一〉的一点意见》一文，随函附上。所议是否有当？至希详为审察，批评指教，不胜企祷之至。

祇颂

撰祺

87 聋叟许景渊上

2000 年 1 月 15 日

（原载《外语与外语教学》2000 年 07 期）

翻译活动是艺术还是科学？

——对《翻译学——艺术论与科学论的统一》的一点意见①

黄振定博士的《翻译学——艺术论与科学论的统一》是一部浩瀚的、综合性的翻译理论巨著，其覆盖面之广博，内容之丰富，理论之精辟，哲学思维之深邃，可以说是古今中外翻译论坛上所仅见。读之启发良多，使人感到衷心钦佩。在这里，我只想对书中揭示的两个主要问题，提一点浅薄的意见，以供商榷。

在本书的"引言"中，作者指出这本书的主要目的是要解决两个问题，"质而言之，翻译活动是艺术还是科学？翻译学是艺术论还是科学论？"（见本书"引言"第1页）。

对于这两个问题的解答，书中指出："翻译实践是艺术性与科学性的统一"（102页），"翻译学是科学论与艺术论的统一"（第200页）。

以上解答的主要依据是辩证法的矛盾统一的原理："事物发展过程中每一种矛盾的两个方面，各以和它对立着的方面为自己存在的前提，双方共处于一个统一体中"（《毛泽东选集》第301页），"一面互相对立，一面又互相联结，互相贯通，互相渗透，互相依赖，这种性质叫做同一性。"（《毛泽东选集》第303页）。

根据这一论点，所以书中指出：

---

① 毛泽东：《矛盾论》（《毛泽东选集》274—312页）。

> 辩证的方法，无疑就是矛盾分析的方法，即揭示事物的内在矛盾，尤其是矛盾双方的相互渗透，转化和统一，具体说来，在实践方面，就是翻译的艺术性中内在地包含科学性，科学性中内在地包含艺术性；在翻译理论方面，就是考证艺术论的主张内在地蕴含着科学论，科学论的主张内在地蕴含着艺术论。（本书"引言"第 2 页）

这就是艺术论与科学论统一的论点的主要依据。

但是，我们还必须认识，根据辩证法的原理，矛盾的两方面既有统一性，而又有斗争性。矛盾的统一性是有条件的，相对的；而矛盾的斗争性是无条件的，绝对的。（《毛泽东选集》第 307 页）因此，"无论什么矛盾，矛盾的诸方面，其发展是不平衡的。……矛盾着的两方面中必有一方面是主要的，他方面是次要的。其主要的方面，即所谓矛盾起主导作用的方面"。（《毛泽东选集》第 297 页）"事物的性质主要地是由取得支配地位的矛盾的主要方面所决定的。取得支配地位的主要方面起了变化，事物的性质也随着起变化"。（《毛泽东选集》第 298 页）

因此，我们要确定翻译的性质，就不仅要认识矛盾的双方的统一性，还必须要认识矛盾的双方的斗争性，矛盾的主要方面所起的决定性作用。否则，翻译的性质是无法确定的。

如前文所说，翻译实践是艺术性与科学性两方面的矛盾的统一。所谓艺术性的主要特征就是主观创造性；科学性的主要特征就是客观规律性（第 200 页）。在这矛盾的两方面中，究竟哪一方面是矛盾的主要方面，起决定的作用呢？这是首先必须要明确的，否则，就无法确定翻译的性质。

在现阶段的翻译实践中，显然，主观创造性（艺术性）是矛盾的主要方面，起决定性的作用。因为实践证明，任何翻译活动都必须经过：（1）理解；（2）表达的程序。在这个程序中，主观创造性思维起决定的作用，而不受客观规律的约束。因为主观创造性（艺术性）是矛盾的主要方面，起决定性的作用，所以它决定翻译的性质是艺术，而不是科学。

将来有朝一日，机器翻译如果成功了，客观规律性（科学性）就转而成为矛盾的主要方面，起决定的作用，而主观创造性就不起什么作用；翻译的性质也就随着而起变化，就可以成为科学了。

所以，对于前面所提的第一个问题："翻译活动是艺术还是科学？"我们的回答是：在现阶段，翻译活动（实践）是艺术，不是科学。将来如果机器翻译成功了，翻译活动（实践）就可以成为科学了。但是，那是渺茫而不可知的事，似乎没有什么现实的意义。

对于前面所提的第二个问题："翻译学是艺术论还是科学论？"我们首先必须要认识翻译学或翻译理论与翻译实践的关系。在本书"引言"中说："无论称之为翻译理论还是称之为翻译学——理论的性质当然应该由相应的实践性质来决定。"（本书"引言"第1页）这说明：翻译学或翻译理论的性质取决于翻译实践的性质。如果翻译实践是科学性的（如机器翻译），翻译学当然可以成为科学。在现阶段，因为翻译实践是艺术性的，所以翻译学只能是艺术论，而不可能是科学论，也不是艺术论与科学论的统一。

结论

综上所述，我们的结论是：翻译实践是艺术，不是科学，也不是艺术性与科学性的统一。翻译学是艺术论，不是科学论，也不是科学论与艺术论的统一。

翻译的性质——科学或艺术——的问题，是翻译理论研究的根本问题，必须要做出明确的决定，决不能模棱两可，含糊了事的。因为，翻译的性质决定翻译理论研究的道路和方向。如果翻译是科学，那么首先我们必须要研究语际转换的客观规律。几十年来，还没有哪一位译论家探索到那个客观规律。如果翻译是艺术，那就不需要研究翻译的客观规律。只要研究翻译的 Why（为什么），What（是什么），How（怎么办）——这也是古今中外的翻译家研究翻译的共同的道路。所以，翻译理论研究的这两条道路的分歧是明确的，其关键就在于要不要研究客观规律？这两条道路的取舍，主要取决于翻译的性质：科学？还是艺术？本书提出"翻译（实践）是科学性与艺术性的统一"的论点，这就使翻译的性质模糊不清，也就无法确定翻译理论研究的道路和方向：究竟要不要研究翻译的客观规律呢？这个根本问题不解决，翻译理论研究工作就无法推进，只能永久地陷于"沉寂期"中了。这是最最可悲的。

所以，当前我们面临的首要任务就是要确定翻译的性质——科学或艺术——，然后才能明确翻译理论研究的道路和方向。否则，翻译理论研究是没有前途可言的。

（原载《外国与外语教学》2000 年 09 期）

翻译到底是科学,艺术,或科学与艺术的统一?

——初步总结

翻译到底是科学?还是艺术?这是我国翻译界半个多世纪以来长期争论而未能解决的一个根本性问题。我参加这一争论也已有 10 多年的历史。现在根据我的体会,觉得我们已掌握了充分的理据,可以作出结论,不必再争论下去了。在这里,我想把这个问题争论的演变发展过程以及我所作的结论,简单地阐述如下,希望同志们批评指教。

(1) 1951 年我国前辈老翻译家董秋斯先生首先在一篇文章中提出了建立翻译科的意见,并以此作为翻译理论研究工作的一个主要目标。几十年我们翻译界的同志们对董老的意见普遍重视,奉为准则。有的翻译家还提出建立翻译科学的初步设想和计划。

在同一时期,西方的译学大家奈达博士 (Dr. Eugene A. Nida) 在 1964 年写了一本巨著 Toward a Science of Translating (走向翻译科学) (600 多页) 中,同样地提出了建立翻译科学的目标:并提出了深层结构 (deep structure) 转换的方法,作为实现翻译科学化的途径。奈达的论点对我国翻译界也有一定的影响。

(2) 1996 年我发表了《丢掉幻想,联系实践——揭破"翻译科学"的迷梦》①，这可能是第一次对翻译科学的论点提出反对的意见。文中指出，翻译是不受客观规律的制约的。人的主观创造性起着决定作用。所以，翻译是艺术，不可能是科学。

我文中还引用了奈达在其1976年的新著 *The Theory and Practice of Translation* 中的论点。在书中他放弃了原来的建立翻译科学的论点，认为翻译是艺术，不是科学。

（3）我文发表后，引起了翻译界一场全国性的大论战，围绕着这个"翻译是科学或艺术"的问题。论战双方各自发表长文，申述理由，坚持己见，始终未能达成一致的共识。

（4）1996年哲学博士黄振定先生出版了巨著《翻译学——科学论与艺术论的统一》（300多页）。书中指出，在翻译活动中，既有客观规律性（科学性），又有主观创造性（艺术性）。所以，根据辩证法的原理，翻译既不是单纯的艺术，也不是单纯的科学，而是科学与艺术的辩证的统一。

黄博士的论著，风行全国，影响很大。有些老翻译家撰文加以赞扬，认为黄博士运用了辩证唯物论的原理，解决了翻译史上长期争论而未决的一个根本性问题，是对翻译理论的一个重大贡献。

（5）我认为，黄博士的论点，片面强调了矛盾的两方面的统一性，而忽视了两方面的斗争性，割裂了辩证法的原理，是不正确的。因而发表了《翻译到底是艺术？还是科学？对〈翻译学——科学论与艺术论的统一〉的一点意见》一文。② 文中指出：根据辩证法的原理，矛盾的两方面既有统一性又有斗争性，矛盾的统一性是相对的，有条件的；而矛盾的斗争性是绝对的，无条件的。因此，矛盾的两方面，其发展是不平衡的。其中必有一方面是主要的，他方面是次要的，事物的性质主要是由取得支配地位的主要方面所决定的。取得支配地位的矛盾的主要方面起了变化，事物的性

---

① 许景渊：《丢掉幻想，联系实践——揭破"翻译科学"的迷梦》[J]，中国翻译，1996（2）。
② 许景渊：对《翻译学——科学论与艺术论的统一》的一点意见 [J]，中国翻译，2000（4）。

质也随着起变化。(见毛泽东《矛盾论》)在现阶段的翻译实践中,显然,主观创造性(艺术性)是矛盾的主要方面,起决定性的作用。所以,它决定翻译的性质是艺术,而不是科学。将来有朝一日,机器翻译如果成功了,客观规律性(科学性)就转而成为矛盾的主要方面,起决定作用,(而主观创造性就不起什么作用),翻译的性质也随着而起变化,就可以成为科学了。但是,机器到底能否实现?何时实现?是渺不可知的。

(6)我认为,机器翻译是不可能实现的。为什么?因为这是语言的本质所决定的。什么是语言?现代语言学之父索绪尔(Saussure)说:"语言是一个任意性的符号系统(Arbitrary Symbols)"。语言是表达思想的一种符号。但是这种符号的制订并没有一定的规律,而是任意性的;是人们任意选定,通过"约定俗成"而成为语言,所以"言"(语言符号)与"意"(意思)之间的关系并不是有规律的一"言"一"意"的,而是杂乱无章的,一"言"多"意",或一"意"多"言"乃是普遍现象。因此,同一句话用于不同的上下文或语境中就可以表达多种不同的意思。英文中有一句成语"No context, no text。"(没有上下文或语境,就没有本文)也就是说,"一句话,如果脱离了它的上下文或语境,就不可能正确了解它的意思。"

举例说明:最简单的一句话"I am a man",用于不同的上下文或语境中,可以表达多种不同意思,因而就可以有十多种不同的译法,如下:

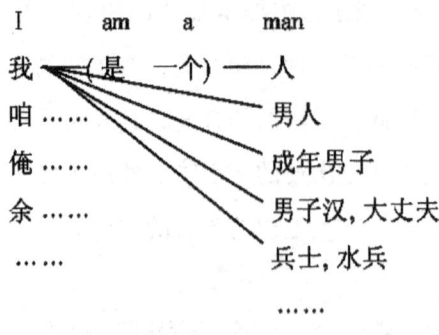

如果是人工翻译，翻译的人就可以根据上下文意或语境，选择他所认为最适当的译法，因为人是有思想意识，有主观能动性的。如果是机器翻译，机器就无能为力了。因为它没有思想意识，没有主观能动性，不可能作出选择的。所以，即使是最简单的"I am a man"这样一句话，机器也是译不出来的，更何况其他更复杂的句子呢？所以，机器翻译是不可能实现的，只是一种幻想。因此，翻译科学也是不可能实现的，只是一种幻想。我们只能以"实践为检验真理的唯一标准"，决不能以"幻想为检验真理的标准"。最后，我想重复我1996年文章的标题，作为结束语：

　　"丢掉幻想，联系实践——揭破'翻译科学'的迷梦"。

（原载《国际关系学院学报》2002年06期）

奈达论"翻译不可能成为科学"

美国译学大师奈达（Eugene A Nida）博士最近（1996）年发表的一文 *Translation: Possible and Impossible*（翻译：可能的与不可能的）①，其中有二段专论"翻译不可能成为科学"的道理，剖析精微，论据确实，令人可信，兹译如次。

"我们不应当尝试使翻译成为一门科学，因为它在本质上不是一个能够自立的学科，而是一种创造性的技艺，一种运用多学科见解的工作方法。翻译决不可能比它所依附的各种学科具有更多的整体性和全面性。而且，翻译犹如语言一样，是没有一定之规的，因为它必须同各式各样的文本打交道，适应于各种不同的读者，他们对于翻译应该是什么样子，事先已有不同的设想。对于这样错综复杂的而且随时可能发生变化的应用方法，要作出明确的分类和定量，是办不到的。没有任何方法可以规定翻译程序中应有的一切步骤以得到适当的解决。但是，主意必须拿定，而许多大翻译家往往以一种意想不到的办法而且一般的翻译若往往认识不到的方式，本能地找到了解决的途径。

优秀的翻译是一种创造性的艺术，它既能再现又须转变，因为它的目的是要在本义和联想意义两个方面达到表象上的和推论上的真实性。（兰吉，1951）但是，要完成这一任务，必须要有一套极为复杂的双向的处理

---

① 见 Translation Beyond the Boundaries of Translation Spectrum, Translation Perspectives IX, 1996, Edited by M. G. Rose, Centei for Retlaich Translation, State University of New Yorlc. ——Brighamton

办法：(1) 在原文方面，要确定共意义及其感染力产生的原因；(2) 在读者方面，要使他们在既有的知识和内涵的设想的基础上得到意义的理解。要懂得这个过程，最好的比喻就是韦特根斯担（1953）所提出的"游戏"。游戏是既有规则①而又有策略的。在翻译工作中，也规定某些不应该做的事，但总是留有充分的余地，可以发挥创造性策略而产生某些意想不到的效果。这些选择决不会被正式规则所束缚，但正是这些选择才是产生优秀的语际交流作品的源泉。

译者附记：

奈达博士是美国译学大师，驰誉国际译坛，著述等身。他于六十年代首先提出建立翻译学的计划。（*Towaod a Science of Translation*，1965）。但于七十年代初他就放弃了这一计划，并断言翻译是艺术，不是科学（*The Theory and Practice of Translation*，1974）。自1974 至1996 年二十三年来，他一惯坚持这一论点，而在1996 年的文中，论据更为充实，观点更为明确，说明他对于这一论点坚定不移的信念。我所拟《翻译到底是科学？还是艺术？》一文，就是根据奈达1974 年的论点写的，和他1996 年的论点也是完全一致的；同时，又补充了一些重要的理据，使其论点更为充实，可信。

奈达的论点特别强调翻译是创造性的技艺，创造性的艺术不是科学。但是，为什么翻译具有创造性，而不是科学呢？这主要就是因为它不受客观规律的制约，如果它受客观规律②的制约，那就不可能发挥创造性思维，

---

① "规则"与"客观规律"不同：规则——"人们规定出来共同遵守的制度或章程"，是人为的。客观规律——"脱离人的意志的。客观事物之间内在的必然的联系。"非人为的。人们在玩"游戏"时——如桥牌，围棋等——可以人为地制定一些规则，共同遵守。但是，在这些规则的范围之内，人的创造性思维仍有充分活动的余地，因为它不受客观规律的制约。人的翻译活动也是如此。翻译家们可以根据实践的经验制订出一些标准——例如，严复的"信、达、雅"，鲁迅的"信、顺"，奈达 Functional cional Euivalence 等等——，作为共同遵守的规则。但是，在这些规则的范围之内，人的创造性思维仍有充分的活动余地，因为它是不受客观规律的的制约的。——译者

② 客观规律是不以人的主观意志为转移的，如，地球环绕太阳运转的规律，又如，H2 加 O 合成为水的规律，等等。

也就不成其为艺术,而成为科学了。这正是科学与艺术的根本的分歧之点:科学必然具有客观规律的制约,而艺术则为创造性活动,不受客观规律的制约的。奈达的文中没有提到这个重要的理据,是一个缺憾。故拙文中特别阐述这一点,以补其不足,而使奈达的论点更为充实可信。

(本文未查到刊发于何处,仅根据校对稿)

论"得意忘言"

——钱钟书大师翻译理论之精髓

钱钟书大师首先提出"信必得意忘言"的论点,正确说明了"言"与"意"的关系,解决了翻译的基本矛盾,从而彻底解决了古今中外翻译界所长期争论而未能解决的"直译"和"意译"问题,在翻译理论史上具有十分重大的意义,兹将其内涵的精义分析缕陈如次:

(一)翻译就是译意,译意必须"意译"

"翻译就是译意"(Translating means translating meaning)(Nida)译意必须"意译",只有用"意译"的方法,才能正确地把原文的意思表达出来。"直译"有时也能表达原文的意思,有时则不能。是靠不住的,如果"直译"而能表达原文的意思,那就等于"意译"。所以,"意译"可以包括"直译",而"直译"不能包括"意译"。"直译"是靠不住的,"意译"是绝对可靠的。所以,译意必须采取"意译"的方法。

(二)"意译"必须"得意忘言"

"意译"怎样才能保证"意"的正确性呢?必须"得意忘言"。就是钱大师所说"信必得意忘言"——表达原文的意思,而忘却原文的语言。

为什么必须得"意"而忘"言"呢？因为"言"与"意"的矛盾是翻译的基本矛盾，翻译有时往往"言"一致而"意"不一致，或者，"意"一致而"言"不一致。要求"言"与"意"都一致，有时是做不到的，必须牺牲一方，才能解决矛盾。牺牲哪一方呢？只能牺牲"言"以适应"意"。决不能牺牲"意"以适应"言"。所以，只能"得意忘言"而不能"得言忘意"。

为什么"言"与"意"会出现不一致的现象呢？这是语言学的基本原理所决定的。现代语言学之父索绪尔（F. de Saussure）指出"语言是任意性符号（arbitrary symbols）系统。"

索氏认为，语言是人们表达思想的一个任意性的符号系统。语言符号并不是人们按照客观规律科学地制定的，而是人们凭主观意念任意地运用的。所以，语言符号的能指（言）与所指（意）的关系，并不是固定的、不变的，而是任意性的，随着人们集体的意志而变化的。因此，同一个"言"可以表达各种不同的意，同一个单词，和于不同的场合中，可以表达各种不同的意义，乃是常见的语言现象。

例1：以"run"词为例

1. He runs into the park. 他跑到公园里去。
2. Running water. 流水。
3. Running nose. 淌鼻涕。
4. The water is running short. 水越来越少了。
5. The play ran three evenings. 这出戏连演三晚。
6. He runs the machine. 他开动机器。
7. He runs the enterprise. 他经营企业。

……

……

例2：以"打"词为例，意义变化甚多

1. 用手或器具撞击物体：　　打门，打铁
2. 殴打：　　攻打，打架
3. 发生与人交涉及的行为：　　打官司，打交道，打抱不平
4. 捆：　　打包裹，打铺盖卷儿
5. 编织：　　打毛衣，打草鞋
6. 举；提：　　打旗子，打灯笼，打伞，打帘子，打起精神来
7. 放射，发出：　　打雷，打炮，打信号，打电报，打电话
8. 舀取：　　打水，打粥
9. 买：　　打油，打酒，打火车票
10. 捕捉：　　打鱼，打鸟
11. 做，从事：　　打杂儿，打游击，打埋伏，打前哨
12. 定出，计算：　　打草稿，打主意，成本打二百元
13. 做某种游戏：　　打乒乓，打网球，打麻雀，打扑克，打秋千

……

例3："好好"二字，用于不同情况下，表达各种不同的意义：

1. 好好学习，天天向上。

Study <u>hard</u>, and make progress everyday.

2. 好好看守门户。

Watch the door <u>carefully</u>.

3. 这株百年老树，至今还长得好好的。

This hundred-year-old tree is still growing <u>well</u>.

4. 把这间房间好好打扫一下。

Give the room a <u>thorough</u> cleaning.

5. 好好跟他谈谈，不要生气。

Talk with him <u>kindly</u>, Don't get angry.

6. 他是个好好先生。
He is a Mr. Goody—goody.
……

以上说明,"言"与"意"的关系不是固定不变的,而是变化不定的。当"言"与"意"的关系发生变化时,翻译应以何者为准,"言"或"意"?当然,只能以"意"为准,而不能以"言"为准;只能"得意忘言"而不能"得言忘意";因为,翻译的目的是译意而不是译言。

例如:1. "He runs into the park."他跑到公园里去。

2. "The water is running short"。run 的意思变了,全句只能"得意忘言"而译为"水越来越少了。"决不能"得言忘意"而译为"水越跑越短了。"

这说明"得意忘言"正确地说明了"言"与"意"的关系,解决了翻译的基本矛盾,保证了译文的正确性,是翻译理论上的一个重大贡献。

(三) 西方译论家论"意"与"言"的关系

西方著名的翻论家对于"言"与"意"的关系各有不同的论点。

(1) 奈达(Eugene A. Nida):"得意而尽可能得言。"

奈达在他的 1988 年的《从一种语言到另一种语言》(*From One Language to Another*) 一书 (P.11) 中,他认为功能对等 (functional equivalent) 的翻译要求"不但是信息内容的对等,而且尽可能要求形式的对等。"(not only the equivalent content of message, but, insofar as possible, an equivalence of the form.)

(2) 纽马克(Peter Newmark):"得意而尽量得言。"

纽马克说,"I think words as well as sentences and texts have meaning, and that you only deviate from literal translation when there are good semantic and pragmaticreasons for so doing, which is more often than not, …"（我认为词和句及语段都是有意义的，只有当你有充分的表意和实用的理由必须放弃直译时，你才能这样做，而种情况却是常常有的……）（vide NewMark A Textbook of Translation" P. X1.）

他的意思就是说：如果直译能够达意，应尽量直译，只有直译不能达意时，才能意译。也就是"得意而尽量得言"之意。

（3）巴尔胡达罗夫："得意而适当地得言"。（原稿注释：因手头无此书，故此处暂留空白，希查明原书后，再行填写）①

（四）结论

总上所述，这三位西方译论家都主张"得意而尽可能（或适当地）得言"，但什么时候必须"得言"，什么时候可以"忘言"，却并没有明确的规定，因此，在翻译实践中不免产生困惑，当"言"与"意"发生矛盾时，就无法确定究竟应"得言"或者"忘言"，就不能正确解决"言"与"意"的矛盾问题，必然造成混乱，而影响译文的正确性。惟有钱大师断然提出"得意忘言"的论点，这就正确地解决了"言"与"意"的矛盾问题，保证了译文的正确性，从而彻底解决了古今中外翻译界所长期争论而未能解决的"直译"与"意译"问题。这是钱大师对世界翻译论坛的伟大贡献，也是我们中国翻译理论界的光荣与骄傲。

（此文系本书作者未曾发表的遗作）

---

① 详见：巴尔胡达罗夫（蔡仪译）《语言与翻译》，第206页。

内容与形式

——翻译理论研究的一个症结问题

美国译学家奈达（Eugene A. Nide）博士在他的《西方翻译史话》的结论中说了一段很精炼的话：

"在不同的时期，不同的国家，人们对翻译的观点尽管有很多变化，可是两种基本争论都始终存在，只是所表现的紧张程度不同罢了。……基本争论就是：（1）直译还是意译？（2）以形式为主，还是以内容为主？①

这两个问题实质上是一个问题，因为直译和意译实际上是"以形式为主"和"以内容为主"观点的一种表现形式。所以，奈达认为，历来翻译问题争论的一个核心问题就是内容与形式的矛盾问题。

这一论点，对于研究我国的翻译史，似乎也同样可以适用的。纵观我国历史上各个时代对于翻译问题的纷争——如古代的"文""质"之辨，"美言不信，信言不美"之议，道安的"五失本""三不易"，玄奘的"五不翻"，赞宁的"六例"，以至近代的"直译"与"意译"，"宁信不顺"与"宁顺不信"之争，等等——其核心也都是围绕着这个内容与形式的矛盾问题。直至近代，几位翻译大师的不同派别，其基本分歧亦在于此。

---

① 《中国翻译》1986 年第 4 期，第 74 页。

例如，严复和鲁迅这两位翻译大师，他们的理论都把"信"字列在首位，但是他们的"信"的概念却是不相同的。严复的"信"是和"达"分不开的，没有"达"就没有"信"（"信点不而达，译犹不译也"）。鲁迅的"信"是和"顺"（达）分开的，甚至可以以"信"来否定"顺"（达），（"宁信而不顺"）。严复主张"译文取明深义，故词句之间，时有所颠倒附盖，不可以于字比句次，而意义不信本文。"鲁迅主张译文必须忠实于原文。"要保存原文的丰姿"，"竭力保存原文的口吻，大抵连语句的前后次序也不甚颠倒。"因为他们对"信"的认识如此不同，因此，他们的译文也大不相同。严复的译文是纯粹的汉化。丝毫没有西文的痕迹，读起来音调铿锵，"骎骎与先秦诸子相上下。"鲁迅的译文则更多欧化的成分，有些句子保持着原文的结构形式，读起来很吃力，"必须费牙来嚼一嚼。"这说明两位大师的着重点是显然不同的：严复着重内容，鲁迅着重形式。

另一位大师傅雷。他主张要"神似"而不要"形似"，"要求传神达意"，反对"按照原文句法拼凑堆砌"。显然，他也是重内容而不重形式的，与鲁迅的论点有所不同。从两位大师的译文中也可以看出，在"汉化"和"欧化"的程度上存在着很大的距离。

时至今日，在我国译坛上存在着形形色色不同的翻译方式，其主要分歧似乎也在于重内容和重形式的程度的不同。

所以，奈达以内容与形式的矛盾作为翻译理论研究的一个核心问题，似乎是有道理的，对于我国也同样适用的。

奈达的理论

那么，奈达他自己的理论，以何者为主呢？显然，他是以内容为主的。在他的著作中一再强调说"翻译就是翻译意思"（"Translating means translating meaning"）。在奈达的文章中，"意思"（meaning）和"内容"（content）是作为同义词使用的。

他又说：

"如果说一切语言在形式上都是不同的（而语言之所以不同主要在于形式），那么，为了要保持内容，自然就必须改变其形式。"（If all languages differ in form），and This is the essemce of their being different, then quite naturally the forms must be changed if one is to preserve the content."①

"改变形式"以"保持内容"，这是奈达理论的一个中心思想。

但是我国有一些翻译家不同意这个论点。他们认为，"内容"与"形式"是同一事物的两个方面，两者是密切结合，不可分的。内容与形式必须是一致的。正如中国古语所说"神寓于形"，"形神一致"。所以，要求"神似"，必须"形似"；要求"意思"的一致，必须保持"语言形式"的一致。

这种论点与奈达的论点显然是背道而驰的。究竟哪一种论点正确呢？

根据我们在翻译实践中的体会，我们都感觉到要保持原文的语言形式不变而正确表达原文的意思，是不可能的。正如奈达所说，必须改变形式以保持内容。我国钱钟书先生在《管锥编》中谈译艺时有一句名言："故知'本'有非失不可者，此'本'不失便不成翻译"。这里的"本"字就是指的语言形式。也就是说"语言形式不可不变；如果语言形式不变，便不成翻译。"这和奈达的意思似乎是一致的。有的学者把"本"字理解为"意思"，也就是说"如果意思不变，便不成翻译。"②那就完全颠倒了钱先生的原意，也违反了翻译的最基本的原则"信"。

按照以上的解释，奈达的论点似乎是正确的。

---

① Vide Eugene A. Nide, *The Theory and Practice of Translation*, p. 5.
② 参阅《中国翻译》1990 年第 6 期，第 15 页。

奈达的论点的错误

但是,如果我们作进一步的分析,就会认识到这种论点的提法是自相矛盾的,不合逻辑的。为什么呢?因为,既然认为"意思"是内容,"语言"是形式,那么,形式与内容必然是一致的,而接着又说,必须改变形式以保持内容,岂不是自相矛盾吗?将何以解释呢?

错误的根源

所以产生这种自相矛盾的论点,其根源就在于对思想与语言的关系没有正确的认识。

语言与思想的关系是个极为复杂的问题,有各种不同的说法。过去有一派学者认为:思想与语言是直接联系的,不可分离的。只有在语言的基础上才能产生思想。赤裸的思想(naked thought)(即,没有语言的思想)是不存在的。根据这种学说,必然把"思想"和"语言"看作是同一体,而产生"思想是内容,语言是形式"的想法。

然而,这一派学说是错误的,不符合实际的。因为,思想是客观存在在人的意识中的反映,它是人的头脑中自发地产生的,并不是依赖于语言而产生的。赤裸的思想是存在的。例如,先天性聋哑人的思想就是明证。

所以,按照现代符号学的论点,语言只不过是表达思想的一种符号。正如索绪尔所说:语言是表达思想的一种符号系统,正如书写系统,盲文,军事信号,等等一样。不过语言是所有符号系统中最重要的符号而已。这就正确地说明了语言和思想的关系。

符号学的翻译观

根据符号学的论点,翻译的实质就是以不同的语言符号表达同一的思想。

我们翻译的目标当然是转达思想，而不是转达符号。在这里，思想与语言之间不存在内容与形式的关系，也就不会有内容与形式的统一的要求了。

各种不同语言的符号的制订，并不是根据统一的原则，科学地、系统地制订出来的，而是各个语言社会在发展的过程中自然地形成的，因此，"约定俗成"起着决定的作用。所以，各种不同的语言符号系统之间找不到共同的规律，各个符号所代表的意思并不是一致的，对等的。举例如下：

（例1）例如 英语的"book"和汉语的"书"这两个符号，所含的意义是不一致的。如下例：

  a good book. 一本好书

  an exercise book. 练习簿

  a note book. 笔记本

  book-keeping. 簿记

  booking office. 售票处

  book-maker. 登记赌注者

所以这两个符号的意义并不是对等的，其关系极为错综复杂，略如下图：

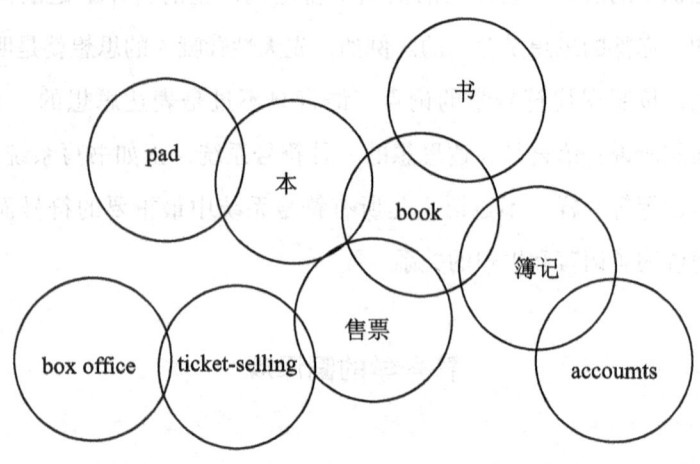

（例2）符号的组合形式（句法）也有很大的差别。例如，简单的一句：

There is a book on the table.

不能按符号对等译为：

那里是一本书在这桌子上。

必须译为：

桌子上有一本书。

所以，在两种不同语言之间，各符号及符号组合形式都是对应性，因为在两种不同语言的符号之间进行对等的翻译是不可能的，也是没有意义的。

西方有些语言学家把语言比作表达思想的电码，说，我们"说话就等于把思想译成电码（encoding），而理解说话的意思就等于把电码解译（decoding）而还原为思想。"① 这种比喻似乎很贴切，很可以说明问题。

假如我们有两本电码（电码A与电码B），要在电码之间直接进行翻译是不可能的，必须经过解码（decoding）和再译码（re-encoding）两个程序，略如下图：

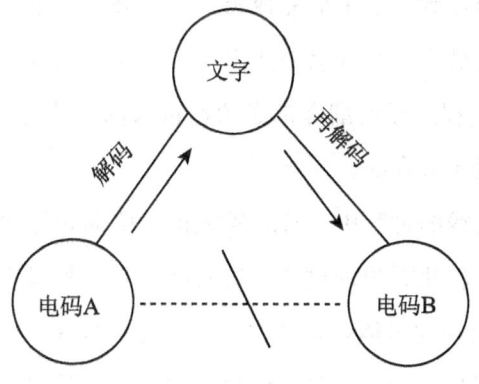

----

① *Vide Encyclopedia Britannica* Vol. 16, "Semantics" p. 510, Line 11: "it appears that saying something involves encoding a thouht and that understanding what one said involves decoding and recovering the same thought."

内容与形式 | 253

在两种语言之间的翻译也是如此。在语言符号之间的对等翻译是不可能的。必须经过"符号转化为思想"和"思想再转化为符号"这两个步骤，略如下图：

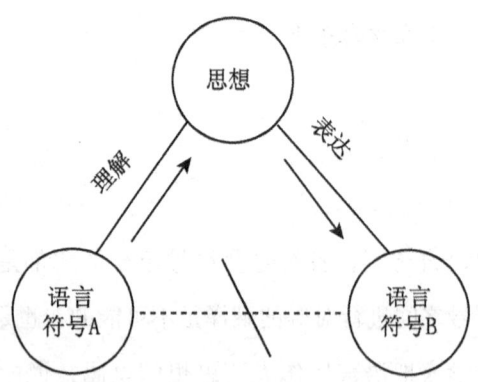

第一个步骤就是理解（comprehension），第二步骤就是表达（expression），任何翻译都必须经过这两个步骤。按照语言文字直接进行对译翻译是不可能的。

有时，我们在翻译的过程中（尤其是汉译英的过程）中，往往觉得对原文的意思完全明白，只是找不到适当的译文词语表达出来。这说明我们已经完成了第一个步骤，还未能完成第二个步骤。如果经高明的翻译家一指点，可能就豁然贯通，把意思表达出来了。这就完成了第二个步骤，也就完成了翻译的全程。任何翻译都必须经过这两个步骤的，"毕其功于一役"的直接翻译是不存在的。

我们在翻译实践的过程中，有时候觉得某些词句好像是直接按字面翻译的，并没有经过转化思想的过程。这实际上是一种错觉。因为人的大脑是一个极为复杂微妙的机体。翻译的极为繁复的程序——从接收信息，符号转化思想，思想再转化的符号，以另一种语言的信息输出——人的大脑往往于一刹那之间完成这一过程，并没有意识到所经历的繁复的程序。奈达称之为"语言信息处理的自动性"（The Automatic Nature of Verbal Processing)① 这种说法，我想，是符合实际的。

在这一翻译的过程中并不存在着语言与思想的矛盾，也就不会有"信"和"顺"的矛盾了。任何合格的翻译，必然是"信而又顺"的，也就不必纠缠于"宁信而不顺"或"宁顺而不信"的纷争了。

所以，如果我们对于翻译的实质有了正确的认识，那么，其他派生的问题，如直译和意译的问题，信与顺的矛盾问题，等等，也就迎刃而解了。我国翻译史上争论不休的一些问题也就可以解决了。

最后，附带说明一点，奈达在他的近著《从一种语言到另一种语言》(*From One Language to Another*) 中也引用了符号学的论点，但他没有抛弃他原来的"内容与形式"的论点，以两个不同的原则阐释同一问题，就不免产生一些自相矛盾的地方；非但不能使问题澄清，反而使问题更加复杂化，更难于理解。为此，我不揣愚昧，大胆根据自己的理解和分析提出以上的论点。这与奈达最近的论点是不一致的。（我过去所写文章中引用奈达的某些论点也是错误的）究竟孰是？孰非？唯有恳请同志们给予公正的评断。

本文是我对于东西方翻译理论比较研究的第二次尝试。第一次尝试见于我前写《"殊途同归"——试论严复，奈达和纽马克翻译理论的一致性》一文（刊《外国语》1990 年第 5 期）。我一贯认为，建立我国的翻译理论体系，必须融合东西方翻译理论，撷取其正确之点而扬弃其错误之点，才能使我国理论体系建立在巩固的基础上。后来沈苏儒先生发表《继承·融合·创立·发展——我国现代翻译理论建设刍议》一文（刊《中国翻译》1992 年第 5 期），批判了过去翻译理论研究中的一些偏差，提示"继承·融合·创立·发展"的途径。这与我的意见是完全一致的，给予我很大的鼓舞。正是由于这种思想的鼓舞，促使我对东西方翻译理论作进一步的比较研究，以探索翻译的实质。意图为我国的理论体系，提供一个可靠的基础。

---

① Vide Waard & Nida: *Fron One Language to Another*, p. 71.

由于我翻译经验不足,理论知识贫乏,以上所提论点很可能是片面的,或者,错误的。诚挚地恳求同志们给予严格的批评,展开广泛的论争,以达到统一的、正确的认识,奠定我国翻译理论的基础。这是我衷心的祈愿。

1992.9.18 北京西苑
(此文系本书作者未曾发表的遗作)

附录一：

《我对"翻译工作中的辩证思想"一文中某些论点的看法》发表于《外国语教学》1978 第 3 期，原文已失。

附录二：

　　劳陇先生墨迹。

> 小简代序
>
> 少岁饥驱四方，迭经离乱，抚时伤怀，惜多悽恻。偶争哈诵，心迹悲思，顾邯郸学步，无当大雅。迭蒙奖掖，复劳校雠，感愧何似，仍祈不遗砂砾，赐予绳削，一期无愧，则拜嘉实深矣！
>
> 迷翁吟敖
>
> 赘于镜玄来星草 七九年 六月

景句遍帳絕天南平影人

餞春戲柬友人

漫從桃李託餘春舊花垂楊意自親收拾鈴幡
疑勤竟風前怕帳護花人

讀鍾書兄盧廊詩奉和

如君才調況無雙何事酸吟學兩當縱愛清寒詩境如莫教京雒鬱中腸

松皮戲敔鍾書兄首尾吟体

图书在版编目(CIP)数据

劳陇翻译理论文集 / 劳陇著. —北京：中央编译出版社，2014.5
ISBN 978-7-5117-2151-8

Ⅰ. ①劳… Ⅱ. ①劳… Ⅲ. ①翻译-文集 Ⅳ. ①H059-53

中国版本图书馆 CIP 数据核字(2014)第 089274 号

劳陇翻译理论文集

出 版 人：	刘明清
出版统筹：	董 巍
责任编辑：	王丽芳
责任印制：	尹 珺
出版发行：	中央编译出版社
地　　址：	北京西城区车公庄大街乙5号鸿儒大厦B座(100044)
电　　话：	(010)52612345(总编室)　(010)52642349(编辑室)
	(010)52612316(发行部)　(010)52612317(网络销售)
	(010)52612346(馆配部)　(010)66509618(读者服务部)
传　　真：	(010)66515838
经　　销：	全国新华书店
印　　刷：	北京京华虎彩印刷有限公司
开　　本：	787毫米×1092毫米　1/16
字　　数：	235千字
印　　张：	17
版　　次：	2014年9月第1版第1次印刷
定　　价：	68.00元

网　　址：	www.cctphome.com　　邮　箱：cctp@cctphome.com
新浪微博：	@中央编译出版社　　　微　信：中央编译出版社(ID: cctphome)
淘宝店铺：	中央编译出版社直销店(http://shop108367160.taobao.com)

本社常年法律顾问：北京市吴栾赵阎律师事务所律师　闫军　梁勤
凡有印装质量问题，本社负责调换，电话：(010)66509618